地獄からの脱出

人類救済の書

栗山 和視
Kuriyama Kazumi

たま出版

協力者

渡辺美津子
ミカエル
ラファエル

はじめに

現代の仏教やキリスト教、その他の新興宗教は、大天使方の説かれた法則を後の凡夫たちにゆがめられ、現在に至っている始末です。

特に新興宗教に至っては、言葉や漢字をもてあそんでいるにすぎず、人類や悪霊たちに直接法を説き成仏をさせる能力がありません。たくみに宗教的なむつかしい漢字を並べてみたり、人を多く集めて会費や寄付金を取って法座とか講演をしてみたり、また、本を書いてどうのこうのと我流の理屈を並べているのです。イエスもブッタも日本の僧たちも、そのときどきの時代の人びとが無学文盲のため、すべてにおいて本当の霊界を説いていないのです。

この本は、成仏の方法と霊界の実態を明かした前代未聞の事実を書いています。イエスは、「神の国に行くのはラクダが針の穴を通るよりむつかしい」と言い、またブッタは、「成仏するのは奇跡に近い」とおっしゃったのですが、それは現代人類のむつかしさをいっているのです。

この本は、だれでもわかりやすく書いてありますので、実践すればどなたでも成仏できると確信しています。

目次

1　現人類と地球

あなたは今、この地球上に生命を持って生きています。現在の人類の考えや行動を当然のように思って、真実を知らずに生活に追われて生きていますが、じつはとんでもない間違った考えや習慣によって生きているのです。

まず、今の地球と人類をあの世（四次元）から見ますと、真っ黒で奈落の底のようになっています。

それは、現世を見ると明らかで、中東方面の人種差別争いによるテロの殺人、北朝鮮のような国の存在、また日本においては、子供による殺人、外国人による殺人や犯罪、オウムのような無差別殺人、児童の殺傷と虐待事件、さらには誘拐事件なども多く、強盗・殺人・詐欺事件の横行、その他刑事犯罪は数知れず多発しています。

これらは、人間が決めた法律上の悪事ですが、しかし、この宇宙のすべての万物は神の法（宇宙の法則）によって運行されて生かされています。したがって、人間もその宇宙の法則を知って地球に生存しなくてはなりません。

地球の自然界を見ても、植物、草食動物、肉食動物、雑食動物がいるように、これらは、食物連鎖という、神によってしくまれたとおりに生かされている結果です。その動植物が犠牲となって地球が保たれ、それによって人類も生きていられるのです。

そのことも忘れて、犠牲になっているものまで滅ぼしつつあるため、支離滅裂な状況に陥っています。

人間は霊長たる生物であるので、自然、つまり神による環境を管理し、育成していかなければならないのですが、現実には、自然破壊へと至っています。

これらは、人間たちの我欲の行為であるといえます。人間は、本来神に次ぐ意識の持ち主であるため、善の心も悪の心も自由に行使できるように創造され、その自由の心に善悪の分別ができるように、「良心」という神に通じた心もつけ加えられています。

その良心を無視して、自我、我欲、偽善によって生きている人類が多いのです。したがって、現在の人類は神の心の違反者となり、地球人類は地獄界を形成してしまったのです。

地獄界というのは、人間の想念がつくり出したものです。悪の心とは、偽我、自我、我欲、怒り、妬《ねた》み、謗《そし》り、恨《うら》み、僻《ひが》み、傲《おご》り、疑い、愚痴、怠《おこた》り、喜怒哀楽に属するものなどで、これらはすべて神の法に違反したものです。この心を持って生涯を終えた人たちは、間違いなく地獄の住人となるのです。

では、よい心とはどのようなものでしょうか。

まず、〔自信〕をつけることですが、正しい自信をつけるには宇宙の法則を弁《わきま》え、この世の成り立ちを知り、あの世の実態をすべて知らなければなりません。端的にいいますと、この世、あの世、宇宙のしくみのすべてに迷いのないことを指すのです。

そして、その正しさを知って〔努力〕をすることで精進をするのです。

〔勇気〕は、人の心には善と悪がありますから、悪の心を鎖《とざ》す勇気のことです。

〔智慧〕は、よいことに精進するにはあの手この手と考えますが、そのときに使うよい智慧のことです。

〔愛〕は、相手に与える愛で、喜怒哀楽の愛や男女の愛のことではありません。同情でもなく、相手に対する本当の思いやりです。

〔感謝〕は、自分が現在地球に生まれて神の創造されたすべてのものに生かされている事実を体感し、感謝をすることです。この感謝を知れば、〔報恩〕となり、恩を報いることでお世話になったお返しをしなくてはなりません。

このように、善我を進めていくと、なにごとにも〔尊敬〕の念が強まり、「稔るほど、頭《こうべ》をたれる稲穂かな」の喩《たと》えどおりとなります。

次は〔許し〕ですが、神はいかなる悪人・悪霊とて、いっさい消滅させることなく気長に許してくださっているのです。人間も神の子ですから、仲間同士は許し合わなければいけません。自分も間違いがあるのですから、相手も間違いがあって当然です。

そして、〔余裕〕を持って心を大きくし、小さなことにくよくよしない器を養うことです。

以上は大まかな善の心ですが、この心を持って生活をしていないと天上界に成仏できません。

現在、地球も地獄、人類もすべての人と言ってよいほど地獄に還っています。こう言ってもみなさんは、今の状況を地獄とは自覚しがたいと思いますが、これは「同じ穴のムジナ」とか「井の中の蛙」と同じ原理なのです。

心というのは一般の方には見えませんが、霊波として実在しています。それがわからないのは、たとえばラジオでも同じサイクル波長でないと聞こえないのと同じです。また、テレビにおいてもチャンネルが合わないと映りません。

したがって、地獄では自分がどこにいるかすらわからないのです。このことを、空海さんがうまく表現しています。

三界の狂人は狂わせることを知らず（この世）

四生の亡者は盲なることを議《さと》らず（あの世）

生まれ生まれ生まれ生まれても

生の初めに暗く

死に死に死に死んで死の終わりに冥《くら》し

〜「秘蔵宝鑰」より

これを現代風に解説しますと、この世の人びとはなにも知らず、今の生活や環境、考えが当然のように思っていますが、それが狂っているのに、それを知らずにいる、ということなのです。

「四次元（あの世）の亡者」の「亡者」は、あの世の地獄のことで、しかし、地獄に馴染《なじ》んでしまっているので地獄とは覚《わか》っていないと言っているのです。

「生まれ生まれ」とは、何回この世に転生しても同じことをして、また何回死んでも「終わりに冥し」で、これまた地獄を指しているのです。

空海さんの時代に、本当のことでも、このようなことを公表すれば自分の身が危険であることを知っていたので、これ以外のこととともに秘蔵として書き残していたのです。

イエス様は、その点ズバズバと本当のことを言ったので、衆知のとおり磔《はりつけ》にされました。悪魔を怒らせれば、この世の肉体を持った者は弱いものです。結局、命を取られかねないのです。

そこで、なにが原因で人類が地獄化したのか、説明していきたいと思います。
それには、人類のルーツを知らなくてはなりません。

2　人類のルーツ

人間がどうしてできたのか、またどこから来たのか、そのことについて、現在の学者たちの理論を大変疑問に思っている人が多いと思います。

彼らが唱えている主な仮説は、海からアメーバが生まれ、魚類が上陸して進化をとげた、そして、類人猿や原人から旧人を経て、現代人（ホモ・サピエンス）に進化したといったようなものが主流となっています。

しかし、何億年もの太古のことですから、なんの証拠も現在には残っておりず、すべては生物学をもとにしたただの仮説にすぎません。

猿から人間になったとかの言い伝えや文書などが、どこかに残っているでしょうか。また、現在の猿やチンパンジーがいずれ人間になると思えるでしょうか。

学者や研究者の言っていること、考えていることは、地球の尺度ですべてを見ることからはじまっています。姿や体形を表面的に見たり、地球の起源を重視しているのです。

たとえ猿やチンパンジーがまったく人間と同じ姿、体形になったとしても、決して人間にはなれません。

では、どこがどう違うのか。

それは、心のしくみが違うのです。

人間の心は、知性、本能、感情、理性と、この四要素から成り立っています。この四つのバランスがうまくとれている人は、心が丸い人です。知性だけが大きくなると、心は小さいのに知識が勝る、すなわち冷血漢あるいは変人となる可能性が高くなります。昔からよくいわれる「頭デッカチ」がこれで、一般常識が乏《とぼ》しくなります。

また、本能と感情が大きく、意志が強くなると、いびつなハート形となります。心がハート形にゆがんでいるため、偏見を持つようになり、ものごとが正しく見えなくなります。

このように、人間の心には四つの要素があり、さらにその下に意志があります。神は、そのように人間を創造されているのです。

猿類にしろ他の動物にしろ、この心の配分が人間とは違っています。この四つの要素があるものとないもの、またその配分が大きいもの小さいものというように、動物によって違うように神につくられているのです。

動物は、平均的に本能の領域が大きくなっています。このバランスの違いは、動物それぞれの使命が異なっているためで、地球の自然が保たれるようにつくられていて、そのしくみによって人類の生命も地球の諸生命も維持できています。万一、猿が人間になったり、他の生命も思い思い勝手な進化をすれば、永い年月のうちに地球の生態系が狂ってしまい、生命を維持できなくなります。この配分とバランスは、神以外では変化させることができません。したがって、猿や他の動物からは、絶対に人間にはなれないということになります。

人間は、ものの変化や変更はできても、心のしくみは変えられないようになっています。学者の言うことは、ものを見て進化と言っているわけですが、心や意識のことを無視しているか、あるいは知らないため、そのようなことが言えるのです。

霊長たる人間にしても、イエス様は、「人間は髪の毛一本たりとも色さえ変えることができない」と言っています。人間でさえこのとおりなのですから、猿類や他の動物がどうしたら自ら人間になれるというのでしょう。

動物は、先にも述べたとおり、本能が大きいため、神の管理下にあります。いっぽう、人間は心が自由なため、神の管理から離れて、悪事をすればすべて自分で責任を取らなくてはなりません。これが自己責任となって、結果、人間は地獄界をつくってしまったのです。そのことは、同時に神が人間を束縛していない証《あかし》でもあります。

それにくらべて、動物その他の生命体は、親が死んでも子供が死んでも、じつにあっさりとしたものです。肉体遺伝的に子供を生む、育てるなど、本能にしくまれたとおり、しっかりと実行しているだけだからです。

ダーウィンの進化論では、猿類から人間になったといったようなことが書かれていますが、生物が進化する理由は、すべての生物が環境の変化に対して対処できるよう、適応能力をしくまれて神に創造されているからです。たとえば、ガラパゴス島のイグアナは陸と海のイグアナに分かれて、体形も少し違ってきているようです。海イグアナは海にもぐり、海草を食料として生命を保っています。

このように、一部の変化や進化はしますが、極端な進化はしないのです。人間も、神ご自身に体形をかたどって創造されているため、「神の子」といわれますが、しかし、人間は神になることは絶対にできません。

こうしてみてくると、どうやら人間は、この地球では発生・誕生していないということがわかります。

では、人間はどこから来たのか。

先に、なにごとも大きく見ないと真実が見えないと述べました。すべてのものごとは、宇宙的視野で見ないと間違ってきます。

この宇宙には、人間と同じ人類、大型の者、小型の者、少し顔が変形した者、耳が少し大きく角張っている者が存在します。また、尻尾のある者もいます。でも、テレビや映画で見るような体形の高等生物はいません。それは、神が宇宙の生命体を創造されるとき、体形を心（意識）の高低に応じて創造されているからです。

ところが、インベーダー映画やテレビでは、ワニやライオンが高等動物になって、ロケットやＵＦＯ（円盤）を運転したり発明したりしているかのように放映しています。昔は、想像でタコのような火星人がありましたが、とんでもない話です。

この宇宙には、人間のような高等生物が数限りなく生存しています。神は、基本的に一恒星のなかの一惑星に生命体が生存できるように創造されていますから、この宇宙には人類的な生物が限りなくいることになります。

なかには、衰退中の惑星やまた誕生中の惑星もあります。基本的には、一恒星のなかの一惑星に生命体が住める環境を神がつくってくれているのです。

宇宙は何百億年以前からありますから、地球より科学や文化・文明が進んでいる惑星が太古から存在します。現に、宇宙人はＵＦＯ（円盤）で地球にも多数飛来しており、形はみなさんご存知の円盤型、ハマキ型、ドーナツ型、また船のような形やブーメラン型もあります。

これは、各惑星によって形が違っている場合が多いためです。また、超大型ＵＦＯも実在しており、何千人も乗れるものから、小型で一人乗りのものまであります。

ＵＦＯの出現度の高い国や場所は、主に中国、ロシアの南、アメリカのユタ州、メキシコ、サハラ砂漠、ローマで、日本では北海道、高山、山中湖近辺、富士山麓、池田湖が多く、和歌山近辺では御坊、加太、水間、天川が多いようです。

ＵＦＯは水中にも進入でき、速度もあるので発見しにくく、バミューダトライアングルや日本近海のドラゴントライアングルで飛行機や船舶の消息不明事件が多発しているのは、主にＵＦＯによる強力な電磁波などで機器が不能状態になるためです。

また、一部、宇宙人による生体調査のために消息不明になる事件もあります。このような被害は、バミューダやドラゴンに限らず、他の海域でも発生しています。動物や鳥類の血液だけがすっきりきれいに抜き取られている事件も発生していますが、これらも宇宙人がＵＦＯを使って生体調査のためにやっているのです。

アメリカでは、ＵＦＯが着陸して宇宙人が科学力を供与しているそうです。そのため、アメリカの科学は特に優れていて、新兵器もＵＦＯもできています。天使様の話では、宇宙人とアメリカ人の混血児も誕生しているそうです。

といっても、人類はもともと宇宙人ですから、なんら不思議ではないのですが……。

日本では、東京の練馬区で、宇宙人によって耳の後ろのほうにチップを注入されている人が十人ばかりいるようですが、本人たちはそれを知りません。

このようにみていきますと、現在の科学や人類の考えは、宇宙的に見て数段低い段階にあるといえます。そのため、何度も言うように、学者においても、猿類から人間にというようなことになってしまっているのです。

さて、いよいよ本題に入るとして、では、現在地球にいる人類はどこから来たのでしょうか。

じつは、太陽系からいうと三段目の恒星のなかの惑星、エルベーター星という惑星から飛来して来ています。その証拠に、そのころの天使様たちの呼び名が現在も残っています。釈迦如来（エルカンターラ）、大日如来（エルミタナー）、エル・ミカエル、エル・ラファエル、エル・サリエル、エルディアナ、エル・ガブリエル、エル・パヌエル、エル・ラグエル、エル・ウリエル、それに元天使長で現在サタンのルシエル、エルランティア。

以上、エルのつく呼び名を揃えてみましたが、これが当時の呼び名で、すべて天使で、みなさんの知っている名称です。

エルベーター星は、地球より少し大きく、水も大型の樹木も少なく、平原が多く、大気の酸素濃度は地球より薄いものでした。そのころのエルベーター星は、人類が住みついていて、地球と比較すると現在の人類歴より古く、約数百年未来の地球を思わせるような状態でした。

空は灰色で、工場地帯が無数に並び、科学や文化は現代地球より数倍進んでいました。市街地域では、住宅もドーム形で、大気汚染もはげしかったので、酸素発生器を使って工場や家庭でその空気を吸って生活していたのです。郊外ではそうでもないところもあったのですが、とにかく住宅密集地や工場地帯は大気汚染が大変なものであったのです。

このころ、エルベーター星は宇宙船や核兵器も保有していたので、文化・文明が進んでいても悪人も多くいました。前天使長であったルシエル（当時はルシファ）という者と、エルランティアという二人の首謀者が自分たちの悪行を棚にあげ、神に恨みを持ったのですが、神を直接攻撃できないため、神のつくられたものすべてを亡ぼそうと企んで、エルベーター星に肉体を持っていったのです。

そのときの政権は王制で、王はユリヤ（後のイエス様）でした。サタンたちは、王の子供エルディアナを誘拐してエルベーター星を破壊し、他の惑星に逃亡しようと企み、その道中の必要物資を王に要求しました。王はやさしかったので、すべての要求に応じ、物資を与えたのですが、子供は帰ってきませんでした。そしてそのとき、すでにサタンの子分たちはエルベーター星の各所に核爆弾を配置し、時限装置で一気に爆発するようにしかけていたのです。

悪人たち約三千人は大型宇宙船に集結し、爆発前にエルベーター星より離れていきました。大爆発が起こり、惑星はちりぢりとなり、人びとはもちろん、天使様方もすべて吹っ飛んでしまったのです。

サタンたちは、あらかじめ地球に人類が住めることを確認していたので、約二年半かけて地球を目指して飛来してきました。宇宙船の速度は光より少し遅いくらいですが、その航行距離は大変なものです。

着陸したのは、旧約聖書にあるエデンの園（後に地名をつけた）です。このときのことを、旧約聖書では「蛇にだまされ禁断の木の実を食べた」などと書かれていますが、実際はアダム（サタン、アダモ）がルシファで、その妻がイブ（エヴァー）だったのです。

これらは、一見荒唐無稽なＳＦのように聞こえるかも知れませんが、すべて事実です。

では、なぜこのようなことを私が書けるのかといいますと、じつはエルベーター星が爆破されたとき、私たちはそこにいたからです。私たちが死亡した後、神の命により、エルカンターラ（釈迦）、ミカエル、ラファエル、エルディアナ、ガブリエル、アガシャー（イエス）、それに私は、サタンたちの後を追って地球に霊体で来ていました。

今、肉体を持って出ているのは、私ラグエルとエルディアナです。私たちはみな、神の使者であり、兄弟、また親子の関係であるのです。

エルベーター星当時のタイガー一族の系図を次ページで紹介しておきましょう。

その後、ルシファ（アダム）たちは死亡し（実在界では）、あの世の地獄界へ次々と落ちて行きました。このとき、宇宙船で来た人種は白人、黄人、黒人で、現在と同じでした。

当時、地球には類人猿がいましたが、彼らは人類と入れ替わる形で姿を消していきました。その末裔《まつえい》の骨を見て、学者は猿類から人間に進化したと言っているようです。人間の骨は比較的柔らかいので、発掘しても古代のものはありませんが、類人猿やゴリラ系の骨は固いので残る率が高いのです。

その後、ルシファや子分たちの子孫も増えて、ムー大陸（エデン）を中心に

エルベーター星時の
タイガー一族の系図
（神の使者）

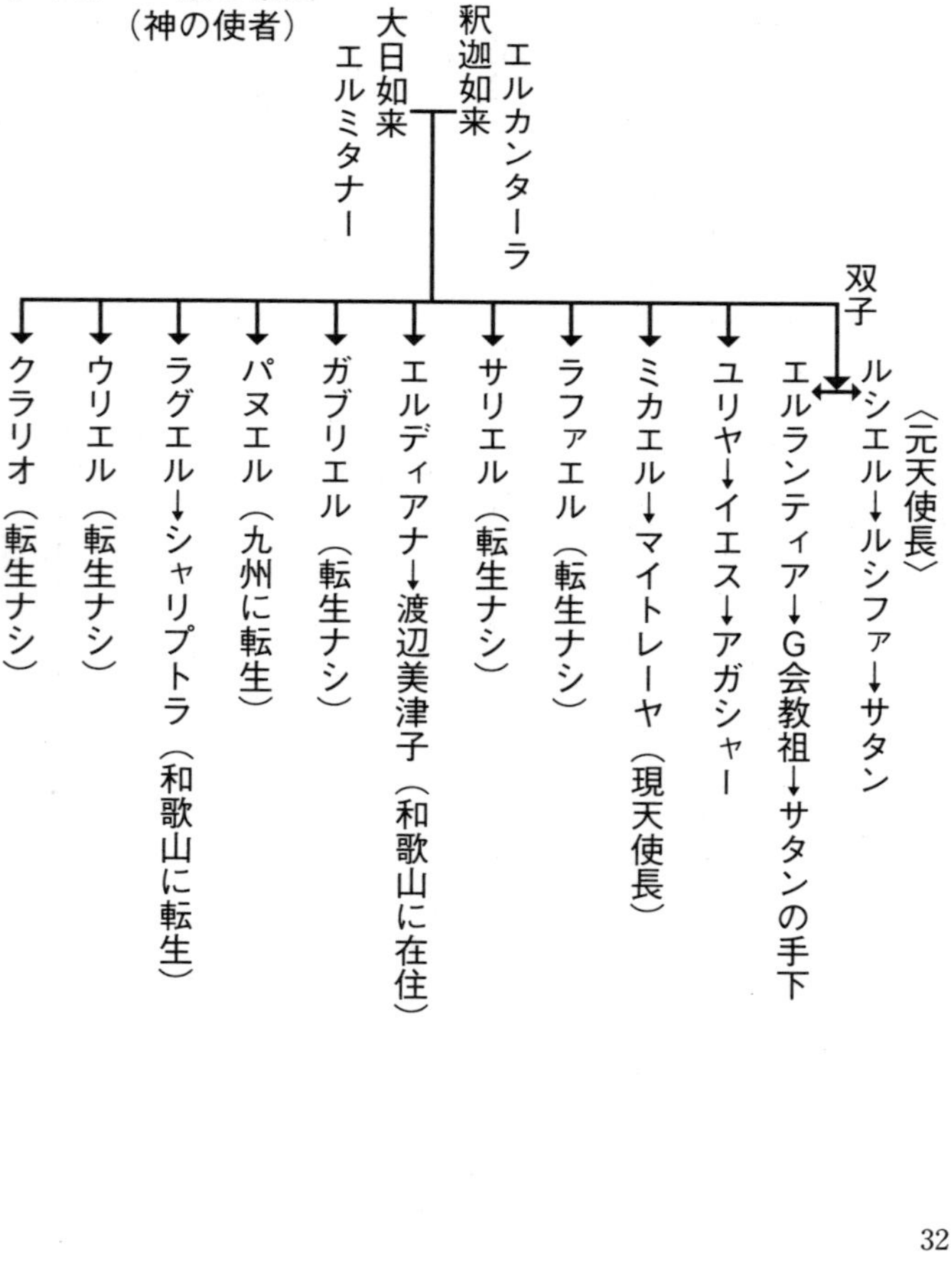

陸地のほうに散らばる形で広がっていきました。当時の生活は、科学文化など、必要なものは大型宇宙船で持って来ていたので、ある程度の文化生活が数千年続いたのですが、そのころは地球も安定しておらず、地震や天変地異が頻繁に起こり、そのつど大変な苦労もありました。

人類は先祖が悪人サタンたちであるため、その考えや習慣、環境などを受け継ぎ、人間として邪悪な人びとが多く、人を奴隷のように扱う者、また盗人や売春婦のような人たちがたくさんいました。その後、エデンよりエリアを広げていった人びとは、各地に現在の市町村のようなところをつくり、人口も増えました。しかし、悪人たちが多かったので、取り締まるために法律（律法）ができたのです。

やがて、市町村が集まって国ができ、それらはさらに発展して国と国とに分かれました。

そうして、国同士の意見の相違と欲とがからみあい、戦争が始まったのです。その戦争が繰り返されているうちに、突然大地震が起こり、エデンの園周辺は海に陥没してしまいました。しかし、郊外の一部だけはどうにか助かって残りました。

この大地震は、人間自身の悪事（戦争など）の積み重ねによって磁場が狂い、地球自体も未完成であったことが重なって起きたもので、地球も人間もしょせんは生きものですから、やむを得ない結果といえるかもしれません。

また、氷河期は地球の極移動によるものです（北極、南極が赤道に来る）。これは神の計らいで、なにかの理由があったようです。

旧約聖書のなかで少し的を射ているのは、ノアの箱舟です。当時も邪悪な心の持ち主ばかりで、唯一ノアだけが心が正しく正義感にあふれた人物でした。そのことを神も認め、このような心の持ち主が人類の後継者にふさわしいと思われ、命を救おうとされたようです。

なぜ神はノアだけを助けたのか、と思う人もいるでしょうが、当時の人の心は邪悪な者ばかりで素直さもなく、神があらかじめ大雨が降ると言っても、舟をつくれと言っても、まったく聞く耳を持たないことを、神はご存知であったからです。

このようなことは、現代人も同じで、死後がある、神があるといっても、嘲《あざ》笑うような人がたくさんいます。科学や文明は当時より進んでいるとしても、心の正しさからいえば、当時より下等かもしれません。便利さや利益のほうを優先するため、我欲、物欲、金銭欲が大きくなり、それに集中すると、自分さえよければなんでもよくなってしまいます。面白おかしく生活をして、もっと自分を格好よく見せようという自己顕示欲の権化となってしまうのです。

現在の人のほとんどは、このような心を持って生活しているわけです。そのため、戦争や殺人、犯罪、精神病も、当時より多くなっています。人類が初めて地球に飛来したとき、彼らは悪人ルシファ（サタン）とその配下であり、この者たちの死後、すべての者は地獄、魔界に落ちているため、人類の考えや習慣が悪霊たちに犯され、神の心と遠く離れたものになっているのです。

さて、ノアは神に指示されたとおりに、舟の大きさや乗せる動物を忠実に守り実行していったのですが、近所の人たちには笑われ、まるきりバカ扱いされながら、大雨の降る前までに予定どおり舟をつくりました。この舟の大きさは十メートルそこそこで、聖書にあるような百何メートルもの舟ではありません。動物も、乗っていたのはニワトリくらいで、あとは百日程度の食料を積んだだけでした。雨は局部的なもので、大陸では動物はすべて生きていたからです。

準備万端、雨を待つのみとなって二週間過ぎたころ、一天俄かに曇り始め、特別大粒の雨がポツリポツリと降り始めたかと思う間もなく、カミナリとともに滝のような大雨が大音響を立てて降り出しました。

その大雨のため、近辺の人びとは家に閉じ籠もり、外を見ず、誰しも大雨が長続きしないだろうと思っていたようですが、そのうち大雨がいたるところに溜まって低い海の方に向かって流れ始め、時間が経つにつれ速くなり大水となっていったのです。

降り始めて二十四日目ごろには、樹木や民家がすっかり跡形もなく流れ去ってしまいました。大雨は四十日以上降り続き、一時、水が引くまでは湖のようになっていたのです。この大雨は局部的なもので、郊外の民家は一部残っていたのですが、田舎のため、そのときの人びとは文化も科学力もなく、原始的人類となって一から出直しという状況でした。

その後、人びとは各地に移動してまた集落ができ、年月が経つにつれ人口が増え、それが大きくなって権力者が政権を持ち、各地に王的存在者となっていきました。その時代の建築物は、レンガ造りや石積み造りで大変頑丈で、城壁をつくる王も各地に広がっており、集落ごとに石やレンガで囲う王もいました。各地において小競りあいや戦争が勃発していたためで、このころも邪悪な者ばかりで、戦争が繰り返されていました。このことは、現在まで続いています。

このころから、牛や羊の生贄《いけにえ》が流行しはじめました。特に邪悪で悪魔的な行為が、人間を生贄にしたことです。神は、わが子たる人間になにも要求はしません。人間の間違った我欲がそうさせたのです。

これを見かねた神は、天使を地上に下ろされました。その方の名は、アポロン（現在の天使長ミカエル）です。今ではギリシャ神話となっていますが、この神話はじつは間違っており、実際は神ではなく人の話です。神はこの宇宙にただ一つの神であり、地上に生きる人はすべて人間で、その意識の上段階におられる七、八次元の人（天使）を便宜上、神としているのです。

また、王クラスの権力者も神にされている場合が多いようです。アポロンの両親はゼウスとレートですが、このゼウスとレートは不義の関係でした。そのため、母レートは大変な苦労にあっています。それは、ゼウスの正妻妃ヘラが不義のことを知ったため、嫉妬に狂って各地の有力者に、レートを受け入れてはならないと通達したからです。その子供が光り輝く偉大な存在になるという予言があったからで、この地上に産ませないよう手配したのです。レートは身重の体でほうぼうをさまよい歩き、身を落ち着けるところをさがしたのですが、通達が出ているため、どこに行ってもつれなく断られてしまいました。それを知ったゼウスは、エーゲ海のごく小さな小島に行かせました。そこなら安心して出産でき、生活条件もよいと思ったからです。

生まれる前からこのような苦労を背負って、各天使様方は生まれるのです。ブッタも生まれてすぐ母が亡くなり、モーセは捨て子、イエスは馬小屋で生まれました。

その後、アポロンは神殿主となって人びとの相談にのり、予言的なことをしてさまざまな指導をし、厚い信頼を得ていました。その後の闘争や人びとの動き、武勇伝などはギリシャ神話（人話）に書かれていますが、このギリシャ神話や旧約聖書やコーランは、すべて矛盾の羅列にすぎません。それをどうこね回しても、もはやどうにもなりません。

お釈迦様の教えは、古代インド語が中国に渡り、高僧によってうまく本意をとらえた漢字に変えられ、お経となっています。その内容は正しいのですが、これを使うほうの人びとが間違って、現在のお経や他力信仰となっているのです。これを実践に変えなくては、人類は救われません。

アポロンの後、イスラム教でいわれるアッラーの神、この方の教えは現在のコーランとなって中東方面で広く布教されていますが、これも大変ねじ曲げられた他力信仰宗教となっています。

じつは、アラー様も神ではありません。アラーが啓示されたのは、本当は太陽神です。また、アラー様は子供で、この世でいえば六、七才の神の子供です。また、日本では成仏されている方は大変少なく、空海さん、日蓮さんほか数人の方だけです。私たちの近くに来られる天使様方は、何十億年前より成仏されている方がたくさんいます。空海さんも大変立派な天使で、お釈迦様の説かれたことのうち、主に密教を悟られた方です。その行法は善と念の力を行使した方法で、一般にいう九字を切ったりすることですが、これは念を集中させ、気合いを入れて神の光を入れるのです。私たちも印を切りますが、悟った人でオーラーが十メートル以上出ている人でなければ行《おこな》ってはいけません。間違った信仰者がすると相手に悪霊を送り込む結果となり、大変危険です。

神は人類にすべてのものを与えてしまったので、新たには光以外になにもくださいません。神がなにかを与えれば、人類は下等動物となってしまうのです。一般人や信仰者が勝手な願いごとや欲望をお願いしても、いっさい聞き入れてくれません。人間は、自分が原因をつくれば自分で責任を取って解決しなければいけないように、神につくられているからです。

3　間違った信仰

■キリスト教関連の間違い

まず念頭に置きたいことは、新約聖書、旧約聖書、またギリシャ神話、イスラム教等の書物はすべて、内容をうまくごまかし理解しにくく書かれているということです。

聖書を例にとりますと、この時代において民衆や祭司長、十二使徒などすべての人に、サタンたちが手配をして魔界の者や地獄の者を取りつかせ（憑依）、人びとをあやつって（操作）書いた結果が新約聖書なのです。このときの事情やいきさつは別として、イエス様以外すべての人は悪霊に支配されており、イエス様もそのことをご存知であったため、素直に体罰を受け十字架にかかりました。そのときの確認者マルコやルカにしても悪霊に支配されていたので、正しいことを書いていません。他の教本もこれと同じくゆがんで書かれていて、本物はないのです。

キリスト教関連の間違いから述べますと、第一にキリスト（イエス様）のみを神の子としていますが、これは後の人びとが自分たちの都合のよいように言い出したことで、イエス様はそのようなことを言っていません。神はすべての人類、あなたもですが、すべての人類を神の子として創造され、命を与えてくださっています。ただイエス様（ユリヤ）、ブッタ様（エルカンターラ）、大日如来様（エルミタナー）他の大天使様方は人間として太古の昔より意識を高められ、すでに上段階にいらっしゃるので、神に近い光（オーラー）と意識を持っておられるのです。

次にバプテスマ〔洗礼〕、これは儀式的なものでなんの効果もありません。ただ過去の習慣として教えに従っているというだけです。

〔断食〕、これはキリスト教に限らず仏教や他の宗教でも多く行われていますが、これはまったくの間違いで、効果はなく、ただ肉体をいじめて体力を弱らせるのみで、神もあきれかえる行為です。神よりいただいた肉体と命は大切にしなければなりません。

〔祈り〕、これもキリスト教のみでなく、他宗教でもなにかあるたびに祈っていますが、神は祈ろうが祀《まつ》ろうがいっさい聞き入れてくれません。大昔より宗教者が祈っていて、現在の地球人類はよくなりましたか。反対に悪くなっているでしょう。戦争に始まり、殺人、詐欺、強盗、その他数しれず、また政治家や警官、エリートといわれる人の犯罪、精神病の人も近年特に多くなっています。祈ってもムダだということです。

神は人間を自由にされ、善を取ろうが悪を取ろうが個人にまかせています。さらに、宇宙には原因と結果の法則があるので、自らが原因を修正しない限り、結局地球人類はよくならないのです。また、自分が悟っていないのに祈ると、自己保存、自我、我欲の祈り、黒い祈りとなり、魔界や地獄界に通じ、サタンたちの思うつぼとなり、ますます悪い方向にむかってしまいます。

キリスト教のもっとも大きな間違いは、キリストが人類の罪を背負って十字架にかかったと言っていることで、これはとんでもない嘘です。イエス様は罪を負ったりなどしておらず、後の浅はかで幼稚な人が自分たちの都合上言っているだけです。

現に今、大型サタン(ダビデ)、ルシファのサタン(アダム)や魔界の者、地獄界の悪霊たちは地球のいたるところに満杯状態で、この世もあの世も悪人・悪霊だらけと言っていいほどです。イエス様は人類の罪なんか贖《あがな》っていません。神は、本人が犯した罪を他の者が代わって負うということを、決して許していないからです。現世の社会でも、殺人者の罪を他の者が代わって負うことができないのと同じことです。こんな非常識で矛盾した馬鹿な言い伝えの教えを、今もキリスト教信者はまじめに信じているので、意識が低下して人類は末法地獄界に落ちているのです。これは、現在の世界の状態を見ると明らかだと思います。

じつは私も、この祈念について自分を試したことがあります（神でなく自分を試した）。ゴルフの予定日の天候をテレビでややこしく放映していたので、自分勝手なお願いと知りつつ、「明日天気にしてください」とお願いをしました。すると次の日、ミカエル様が「あなたの神へのお願いは個人的なことだからだめです」と、神より託《ことづ》かって来られたのです。

ここで神について少しお話ししますと、神はあるのかないのか、雲をつかむようなことだと思っているでしょうが、じつは神は宇宙におられ、宇宙のすべてを運行されています。どのような小さなこともおみのがしになりません。たとえば、あなたの過去世および生まれてから現在までの一部始終もです。その神の容姿はといえば、とてつもなく大きく、おへその大きさがほとんど太陽と同じ大きさで、人間のような霊体の姿であぐらをかいて座っておられます。

人間は勝手なもので、一般の人や、また信仰者でも、「神は不公平だ」という言葉をときどき口にしますが、これは原因と結果の法則を知らないから、不公平だなどと言えるのです。たとえば、生まれながらに利口不利口、頭がよい悪い、唄が上手へた、運動神経のあるない、と差があり、不公平に見えますが、じつは人類すべては過去世を持っていて、地球にも三～五回は転生しています。その過去世で訓練していなかったことは、この世に出てもできないのです。

神はすべての人に平等に意識と生命をくださったのですが、そこに差が出るのは、よいも悪いも自分でつくった原因の結果です。「人を呪わば穴二つ」といいますが、神が不公平だとなじるのは身のほど知らずといえます。したがって、私がこのように書いても信じる人信じない人、理解できる人できない人があるのです。

神も長い年月待っておられたのですが、天使が下りても救済できないので、人間に見切りをつけて、イエス様の言われた最後の審判が一九九〇年に実行され、神が地球を抱かれて、神の目より見て善になる可能性のある者を善に、修正のできそうもない者を悪にと、善と悪を振り分けられたのです。神はいかなる悪人も消滅（オールファイヤ）させません。悪人はたとえ永遠に地獄でも、生きていてよいと思っているのです。それはすべてご自身が創造された子供たちであるからで、これは地球人類だけでなく宇宙の全人類に対してもそう思っておられます。

サタンたちは、この世の人類をあの世からどのようにでも操作できます。たとえば、二〇〇四年の総選挙前は、サタンが今回も小泉で行こうと指令したのです。この操作方法は、この世の言葉でいえば、ＵＦＯ誘導コンピューター操作です。今の宗教家はすべてこれにかかっています。自分が考えている、思っていると感じていても、じつはその意識は魔界や地獄の者に乗っ取られているのに、それを自覚できません。自分がその者たちと同じような心だから同調するのです。

キリスト教を例にしたとおり、間違った、道理に適わない、矛盾した指導を当然のごとく布教していますが、このことは他の宗教も同じです。

■仏教関連の間違い

現在の仏教は、お経を唱えたり、写経をしたり、供養しなさい、なにかをお祀りしなさいといった、他力にたよる、間違った信仰が主流となり、これらすべてが習慣づけられ、現在に至っています。

お釈迦様の教えは、人間の生きる道を説き、悟る方法、成仏の方法すべてがお経のなかに書いてあるのです。他の宗教書は、キリスト教にしても言われたことが断片的に書かれ、またキリストの行動を第三者が書いているのでイエス様の本意をとらえず、そのため各々の受け取り方が違ってきますが、ブッタの場合は八正道など、人間の生きる道から悟りまで、専門的に説かれています。その内容を正しく理解し実践する以外にないほど精緻《せいち》です。

そのことを教えるのが住職や教祖の使命なのですが、住職も生活がかかっているため、指導方法も変更できず、間違った教えとも知らずにただの読経住職となってしまっています。これではただの漢字の読みの反復作業にすぎず、なんの役にも立ちません。死者に読んで聞かせたところでなにがなにやらわからないのですから。お経の内容を生きた人間が実践できるよう指導するのが、住職本来の仕事なのです。

そのうえに、他力信仰という間違った修業方法になっています。人間のつくった石の地蔵さんや仏像やお寺、お宮、またお札、お守り、お遍路さんなど、これらはすべて他力信仰という間違った行いで、これら人間のつくったものを崇《あが》めようが祭ろうが、いっさいなんの御利益も高徳もありません。反対に、このようなことをしている人は意識も低く、矛盾を知らないため、同じような幼稚な意識のまま死亡した悪霊たちと同調し、取りつかれ、自分の考えや意識の間違いのうえに悪霊の業が重なって人生もうまくいかず、悪い方向にむかってしまいます。

この原理によって、現在までの人類も戦争と対立、自己主張と我欲、喜怒哀楽といった世界に落ちて現在に至っており、地球人類の当初よりこの繰り返しで世界は地獄化してしまっているのです。このことが次の十戒にも書かれているので、よく理解してください。

4　十戒

一、私はイサクの人の神であり、ヤコブの人の神である。即《すなわ》ち、生きとし生けるものの神であり天地にあってただ一つの神である。ゆえに私のほかになにものも神としてはならない。

二、私は形あって形なく、形あってはその心の働きをして世に現わせし天地自然の姿である。形なきはあなたがたを生かそうとする力である。しかし、あなたがたを姿形あるものとしてこの世に生ぜしめ、形なき良心の導きのなかに我を証せん。

三、私は常にあなたとともにあって、良心のささやきとならん。あなたはその声に耳を傾け、その導きに従いなさい。そして自己の欲望のために聞く耳を失い、あなたの神、主の名をみだりに唱えてはならない。

四、安息日を覚えて過ぎし人生を振り返り、反省と悔い改めの日としなさい。

五、あなたの父と母は、あなたに与えた私である。ゆえに父と母を尊び、その導きに従う心であると知りなさい。

六、あなたの内なる良心こそあなたの人生を照らす光であり、あなたにとっても最も尊いものである。ゆえに欲望に負け、内なる良心を殺してはならない。

七、あなたの欲望はあなたに敵と味方をつくってあい争わせる。その思いを持って人に接し、人の良心を姦淫《かんいん》してはならない。

八、あなたは善悪を知る者である。それは、あなたが人生のなかで悪を味わい知ったがゆえに善悪を知る者となったのである。それゆえ、あなたは悪の誘惑に負けて人の善なる心を盗んではならない。

九、あなたのほかはすべて隣人である。そして、隣人の平和を願う心があなたの平和を願う心につながっている。そこであなたは自らの欲望のためにそれを正当化しようとして偽証をしてはならない。

十、隣人あってのあなたであり、信じあい、助けあい、与えあい、愛しあい、祈りあうなかにこそ栄えがある。それゆえ、あなたは欲望にまかせ隣人の家をむさぼってはならない。

以上、十戒でいましめていることは、神はこの宇宙にただ一つの神で、人間のつくった偶像崇拝（他力信仰）をしてはいけないということです。そして、悪に負けず、良心にしたがいなさいということ、他人のために祈るとそれが自分に返って（作用反作用の法則）くること、機会をとらえて人生の反省をすることを教えています。神は人間には間違いがあるのを知っておられるので、反省（懺悔）することによって業《ごう》（カルマ、原罪）から抜け出せるのです。詳しくは後の章で述べます。

また、修行についてですが、行者が滝に打たれたり、阿闍梨《あじゃり》といって苦行をしたり、霊山だといって登ったり、どのような行をしても神仏は受けつけてくれません。神は自分の子供が間違った行為をして苦しむのを哀れんでいるだけです。自分が悟っていないのにこのような行をすると、行は精神統一につながりますので、地獄霊に取りつかれやすくなり、体が悪霊の巣となって、間違った言動をするようになります。こういった者たちの霊言や聖霊、異言現象はすべて地獄霊や魔界のしわざです。神は、霊が人に取りついて（憑依）話すことはまったくお許しになっていないのですが、悪霊たちはそれを知っていながら罪を犯しているのです。神は人権を尊重してくださっています。

5　心のしくみ

次ページの図のように、人間の心は智性、本能、感情、理性、意志とあり、この動きにより考えや行動を支配しています。このバランスがよい人は心が丸い人ということになります。

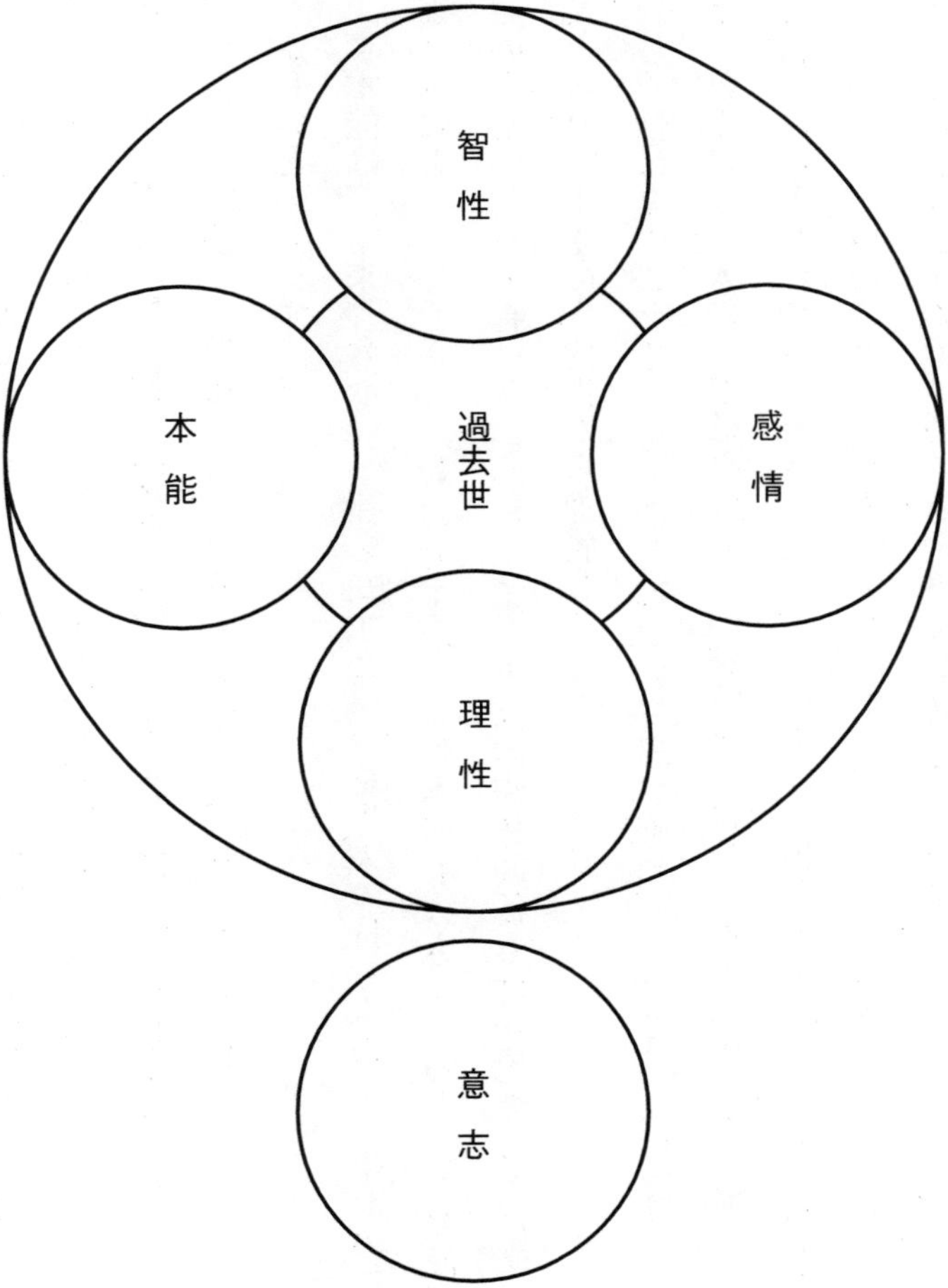
智性
本能
過去世
感情
理性
意志

(一) 智性は、この世で智識を入れた領域で、これが特別大きくなると頭デッカチと昔からいわれるとおり、変人、冷血的人間になる可能性が高くなります。たとえばオウム真理教の幹部弟子たちの行状を見れば明らかでしょう。しかし、現在社会は人間性より学識のほうを優先するので、個人差もあり、バランスがむつかしいといえます。

(二) 本能は、本来、食欲、子孫を残すといった生来の持ちもので、生命の初めより神によってしくまれたものですが、この本能も大きくなると、大食漢、やせの大食い、バカ食いといわれ、また男女の肉体関係も度が過ぎると淫楽《いんらく》、淫乱《いんらん》となり、本来の人間性から逸脱してしまいます。

(三) 感情は字のごとく、ものごとについて思い感じることで、この感情も、ひどいときには他人のことは平気で悪口を吐き、自分が他人に少しでも悪いことを言われるとむかつき、カッとなり、その人への憎しみや恨みの心で自分が落ち込む、といったことがあります。それがたび重なるとヒステリー、ノイローゼなどになりますので、感情も大きくしないことです。

（四）理性は、自分の言動が正しいか正しくないかという判断をする領域ですが、これも大きくなると、自分を卑下して内向的になる恐れがありますから、よく自覚して正しい判断をすることが必要です。

（五）意志は、強すぎても弱すぎてもいけません。強ければ強情、弱すぎると薄弱となり、両極端はいけないのです。これらはお釈迦様の説かれた中道の心、なにごとも中程の心が基本となってきます。

例として、恋をする心をハート形に書きますが、真実もそのとおりで、実際に感情と本能と意志が大きくなってハート形となります。心は丸いのが正しいのですが、ハート形にゆがむと偏見となり、「アバタもエクボ」と昔からいわれるとおりの心になるのです。

6　意識とその階級

現在人類の意識体は、過去、現在の業《ごう》（カルマ）が意識内を真っ黒に染めてしまっているのがほとんどです。

毒を食べてのどが詰まっているのと同じで、大変苦しく、人生の使命やものごとの原理や正しさの分別が乏しくなっている人がほとんどです。

その毒とは、自我、我欲、偽善、怒り、憎しみ、偏見、嘘、強情、虚栄心と限りがありません。これをなくさなくては成仏できません。

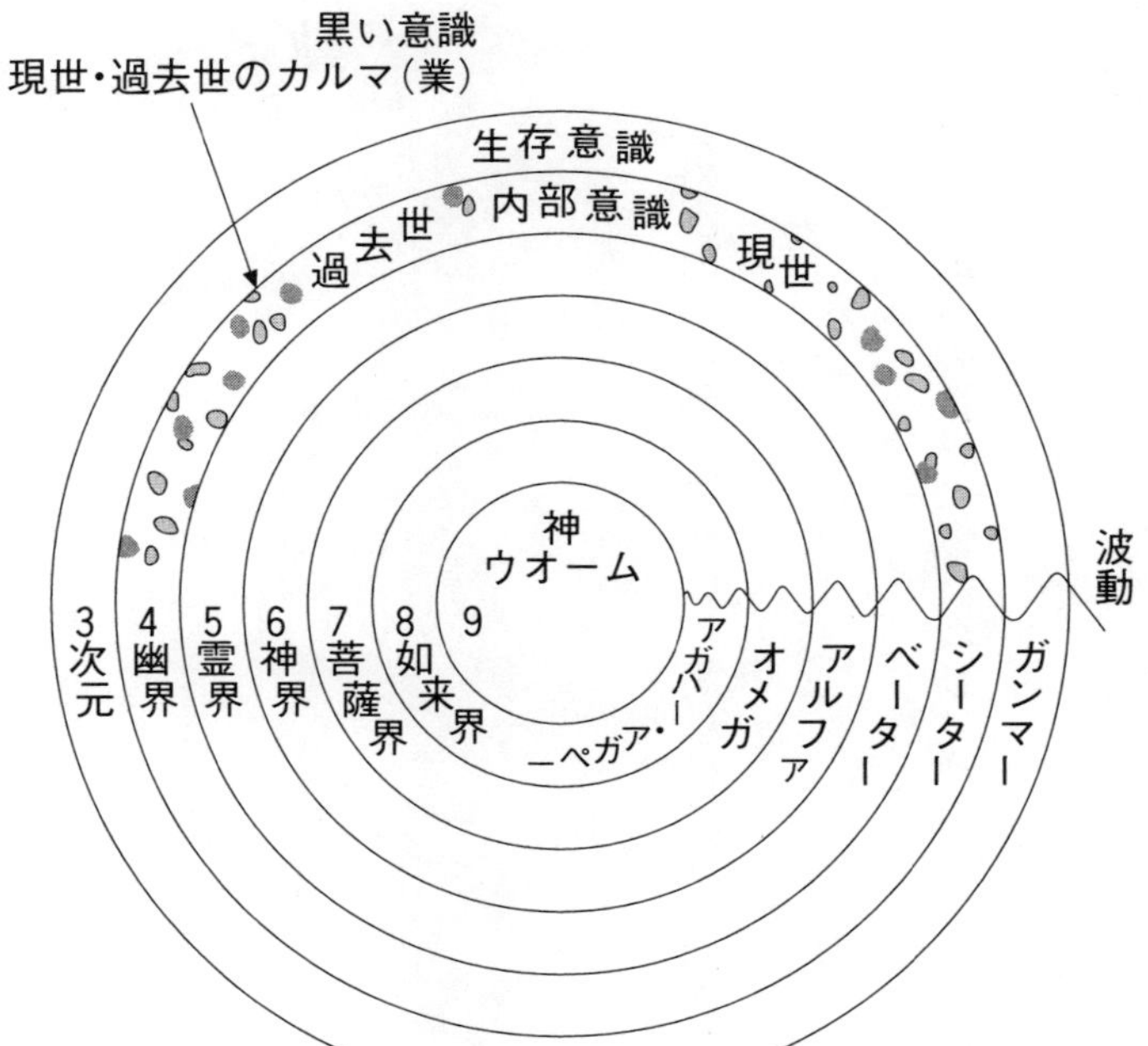
黒い意識
現世・過去世のカルマ（業）
生存意識
内部意識
過去世
現世
神
ウオーム
波動
3次元
4幽界
5霊界
6神界
7菩薩界
8如来界
9
アガペー・アガペー
オメガ
アルファ
ベーター
シーター
ガンマー

7　波動

ここで、前ページの図の「波動」について簡単に述べておきます。

（一）ガンマー波

ブルドーザーや自動掘削器の振動に似た波動。サタンはこの波動でやってきます。

（二）シーター波

普通自動車やエスカレーターが動くときに出る比較的静かな波動。

(三) ベーター波

静かな住宅街や田畑にいるときのような波動。

(四) アルファー波

睡眠時の波動です。誰もが夢を見たことがあろうかと思いますが、じつは、夢を見ているあいだにあの世(四次元)に行って、心にあの世のエネルギーを受けて(チャージして)いるので、睡眠なくして人間は生きられません。

生きるには、肉体のエネルギー(食物)と、あの世からの心のエネルギーが必要なのです。人間には霊体と肉体とがあるからです。反対からいえば、あの世の人はいっさい寝なくてすみます。

(五) オメガー波

人間がこの波動になると、人びとの病気を癒し、肉体から霊体離脱ができるようになります。

(六) アガハー波、アガペー波

ここまでくれば、神の次に当たるブッタやイエス、大日如来その他の大天使と同じ波動で、霊道霊能は自由自在となります。無我、無念、無想の境地。

（七）ウオーム波

これは神の波動です。人びと、万物万象すべて生かし愛するばかりです。やさしすぎて大悪人サタンたちも許して、消滅させずに生かしているほどの、許し、生かし、愛するのみの波動です。

神は以上の波動すべてを持っておられるので、人びとや宇宙のすべてのものが見えるのです。

8　霊道、霊能者について

現在、一般社会では通常、善の霊か悪の霊か確認もせずにその霊言をありがたがる、また霊言者を敬《うやま》う習慣や考えがあり、その人は特別に偉いんだという先入観があるようですが、しかしこれはとんでもない間違いです。

先にも述べたとおり、神は霊が人に入って話すことを許していないので、これに違反をして話す霊言はすべて悪霊、魔界のしわざと見て間違いありません。

たとえば恐山のイタコの霊言をみても、明らかに地獄霊丸出しに話しているでしょう。

そこで、霊道はいかなる原因で開けるのかについて述べます。

霊道は、生まれつき開けている人、仏教（宗教）によって開く人、行や三昧禅定で開く人などがあります。現在の霊能者はすべて悪霊だといいましたが、それは自分が悟っていないと、すべて間違った悪霊がついてしまうからです。

自分がしっかりとできていないのに、行や禅定で霊能を得た者は、深入りするとサタンたちの思うつぼとなり、人に間違った指導をしたり、人に悪霊を送り込んだり（人に取りつかせる）してしまいます。現在のすべての霊能者は、悪霊に肉体を支配されて悪霊の巣となっています。簡単にいうと、人を騙《だま》して金儲けに利用しているのです。

サタンの配下（魔界の者）や地獄霊たちは、今地上に蔓延しており、巧妙に人を騙して悪へ引きずり込もうとして、家庭の崩壊、病気、自殺へと追い込んでくる者たちもあります。地獄霊は、サタンから悪の仲間を増やすように命令されているため、あの手この手と手法を変えてやってくるのです。地球上に肉体を持った大指導霊の人であっても、心の揺れる隙間《すきま》を見て、侵入される場合もあります。

したがって不動心と正見の反省がたえず必要で、ブッタも毎日欠かさずその日の指導をチェックされていたのです。そこで、善霊か地獄霊かの簡単な見分けかたを述べておきます。

（一）生活態度や言葉づかいが正しいか。矛盾《むじゅん》はないか。

（二）言うことがコロコロ変わらないか。

（三）気が短く怒りっぽくはないか、またそれを隠《かく》すようなところはないか。

（四）間違った宗教の狂信者ではないか（今の宗教はみんな間違っているが）。

（五）人相とか風貌はよいか（美男美女のことではなく、やさしい顔であるかどうか）。

（六）当てもの的なことをして自慢ぶっていないか。

（七）お墓を祀《まつ》れとか、お墓が悪いとか、ああしろこうしろと言わないか。

（八）金品を、「お供え」という口実で強要するところはないか（神や仏はお金や品物は必要ありません、霊能者自身が欲しがっているのです)。

(九) 人の意見をよく聞き、真実味があるか。

(十) 増長心はないか、自分が偉いんだと自信ぶらないか。

(十一) 先祖のたたりとか、先祖が浮かばれていないからとか、他人のせいにしないか。

このようにチェックをしていくと、現在の霊能者や宗教家はすべていずれかに当てはまり、彼らが本物でないことが理解できると思います。彼らはすべて地獄の使者といえるのです。

9　病気や怪我の原因

病気、怪我は次の要素からなっています。

〔肉体的遺伝〕これは血液型や体質のことで、たとえば結核の菌を吸っても結核になる人ならない人があるように、ほかの病気も罹《かか》る人罹らない人があるということです。

〔食物〕食事はなんでもよく噛んで、バランスのよい栄養をとるのがよいのですが、栄養の偏り、食事時間の不規則、農薬など公害的なものなどの問題があります。

〔心〕現在の病気の七十パーセント以上は心が原因で、怒ったり驚いたときに顔色が赤くなったり青くなったり、思うことに体が即反応するのは、思いが肉体を変化させているのです。また、ストレス性胃炎など、神経系からの病《やまい》、躁《そう》鬱《うつ》病、精神病などはすべて心のもちかたによって起きてきます。

病気ではなくとも、すでに悪霊に支配されている人も多く、しかし自分ではそれと知りません。一例としては、人に怪我をさせ、あとになって「あんなこと、なぜしたかな」と思うようなことで、魔に支配され、そのときは自分がなにをしたかよくわからないのです。

一般社会でもよく「魔が差して」と言われますが、そのときだけ魔が入ったのではなく、人の体に魔が常住しており、心の動きに便乗して魔が働いたのです。ただ、その魔は一人の霊とはかぎらず、霊体は小さくなれるので何百、何千、何億という悪霊、地獄界の者たちが取りついている人もあります。その人によって違いますが、少なくとも十霊体以上取りついていると見るのが正しいでしょう。

病院でも、矛盾《むじゅん》しているのですが、精神科とあるのに、心がどこにあるか、もしくはないのか、はっきりしないのです。思いというのは頭脳で考えていると思われていますが、じつは、思いは心から脳に霊波で送られ、脳で受け止められて体の神経に伝達され、肉体を動かしているのです。電気にたとえますと、「心」は発電機（エネルギーは睡眠時に四次元から取る）で、電波によって心から脳に伝えられます。脳は配電盤で、そのスイッチが入ることにより「肉体」という機械が働くということになります。

では、心はどこにあるか？　これは胸の中央にあります。悲しいとき、またなにかに感激したとき、涙はどこから出ますか。みなさん、胸元から込みあげてくるでしょう。そこに心があるのです。

つわりについても、病院では理由がわかっていません。端的に言うと、子供が宿って三ヵ月目ごろにつわりが起こりますが、これは母親の意識と子供の意識が違うものなので、拒絶反応が起こり、気分が悪くなり、吐き気を催《もよお》すのです。それと同じ原理で、悪霊が肉体を支配したときも、気分が悪くなったり、吐き気を催す人が多いわけです。

強情だったり、ガンコで性格が激しい人は、比較的ガンなどになりやすい傾向がありますので十分注意してください。

また、事故に遭ったり怪我をしたりすると、ほとんどの人は偶然起きたことだと思うようですが、じつはこの宇宙に偶然というものはないのです。宇宙も地球も人類も、ものの動きはすべて原因があって結果になっています。事故の原因を知らないため、偶然と思ってしまっているのです。

事故は主《おも》に悪霊のしわざであることが多く、前を見て車を運転しているのに事故に遭った、などというのは、悪霊に意識をそらされ、ぼんやりとしていたため起こっているのです。事故が多発しているのはそのためです。急いでいたための事故や怪我も、意識を支配され、急がされて、我が身を忘れてしまったことが原因となっていることが多いのです。事故、怪我、喧嘩、これらは悪霊のしわざによることが多いのです。現在の人類すべてに悪い霊が取りついているると言っても過言ではありません。

10　各宗教団体の実態

先にも述べたとおり、今の宗教はすべて間違っていて、仏教においては、お釈迦様が説かれた仏教（仏の教え）を、各教祖が一部分ずつ取りあって分裂しているのが現状です。このことはキリスト教なども同じで、各教祖は信者を取りあい、教団は集金宗教となっているといえます。

なぜこのような末法になってしまったのかを考えるには、まず、あの世（四次元、実在界）のことを知らなくてはなりません。あの世には、この世にあるものすべてがあり、そのうえ、あの世は何百億年も昔からありますから、現在までの宇宙全体の科学力すべてが存在します。宇宙船は大型から一人乗りまであり、核兵器はもちろん、コンピューターも、言葉を入力できる大型から小型まであり、また無線機で交信して行動している悪霊もいて、それには驚くばかりです。

転じてこの世のことですが、先に述べたとおり、生物の住める惑星は基本的に一恒星に一つあるよう、神によって形成されています。太陽系のような恒星に惑星がたいてい一つあり、亡びつつある星、また誕生しつつある星、さまざまあるのです。その宇宙全体の、太古からの総合科学力をもって、サタンたち(ルシファ、アダム)は、大型宇宙船内のUFOコンピューター誘導操作を使って、この世の地球人類を、あの世からどのようにでもあやつることができるのです。その装置は、オウム真理教で使っていたヘッドギアーのようなものです。それで今の宗教教祖たちは操作されており、また悪霊に取りつかれて言動させられている人びとがすべてと言えるのです。

たとえば、元オウム真理教の教祖・麻原、この人も今は精神状態が異常になっています。コンピューター操作されると、ほとんどの教団教祖はこのようになってしまいます。自分が悟っていないのに禅定をしていたので魔界にやられ、そのため、サリン事件やその他の悪事をする結果となってしまったのです。

また、ミカエルの教えを説いている教団がありますが、ここの教祖は、若いころから病気がちでした。本物といえる人は、病気に罹《かか》りにくく、長引きもしません。この教祖は、天使の霊言だといって多くの本を書き出版していましたが、これらもすべて悪霊のしわざで、現在も不可解な行動をしています。この教祖も、若いころよりUFO誘導操作されてみんなを迷わせていたのです。ミカエル様は転生しておらず、私たちの側にいつもおられます。

次に、多くの若者を引きつけている教団のK会ですが、ここの教祖も、釈迦如来の名を出して著書を何十冊も書いています。本物ならクドクドと長ったらしい内容のものは書きません。彼の著作が少し売れているというのは、その内容にみあった程度の人びとが好んで読むというだけのことで、正しさとは別問題なのです。正しくて、現在の人びとに必要なことのみ書くのがよいのです。この教祖もUFO操作されています。

次にG会ですが、ここの教祖を継いだ女性は、自分にミカエルが入っていると嘘を言って、霊的現象をしているようです。先にも述べたとおり、善霊は人に入って話せません。これらはすべてサタンたちの手配により、悪霊たちがさせていることです。イエス様の時代にも、この異言現象が起きたと聖書に書かれていますが、これも悪霊たちのしわざです。

G会の教祖そのものも、生前、まことに本物らしく法を説き、現象もしていましたが、個人指導に一人何十万円も取っていました。一般会員らは、表面だけを見ていて本性を知らず、神に近い人と思っているようですが、とんでもない話です。現在は、兄のサタン（聖書のアダム）を兄さんと呼んで魔界におり、私たちの邪魔をして悪事ばかりしています。

魔界は、本物の宗教が出ると地獄の霊や地球の人びとが成仏するので、それをさせじと、あらゆる手段を使って、総力をかけて妨害してくるのです。イエス様のときも、兵士やイエス様の弟子たちにサタンが魔界の者を取りつかせて、イエス様を十字架にかけてしまいました。弟子たちは、ユダを筆頭に、イエス様を裏切った形となりました。これはすべて魔界のしわざです。

次に、S会について少し述べておきますが、その教えの内容を見ても、お釈迦様が説いた教えを文底読みなどと言って、自分たちに都合のよい解釈に変えてしまっています。なにかあれば勤行《ごんぎょう》が足らないと言って、必死になってお経を唱えていますが、神にも仏にも通じません。反対に悪に通じ、悪霊が寄り集まってきています。現在の会長は、外国へ行って博士号とか名誉教授とかの地位をもらっていますが、地位や名誉を追う者は何者か、みなさんもおわかりになると思います。お釈迦様はカツシ（最高の織物）の衣をお布施でもらっても、それを着なかったのです。

その他の教団も皆同じような始末で、本当の正しい宗教はありません。

それで、神様も見切りをつけて、イエス様の言われた最後の審判《しんぱん》を、十三年ばかり前に実行され、神が地球を抱かれて、神の目より見て助かる可能性のある者は善に、助かる可能性のない者は地獄へと振り分けられたのです。これが最後の審判です。従って現在の悪霊、悪人は、大変むつかしい心の持ち主ですが、ただ、私たちは、生命ある限りその者たちを助けるように、という使命を神より受けて転生した者です。

私たちといっているのは、タイガー一族の系図に書いてあるエルディアナ大天使（女性）と、私、ラグエル（男性）の二人です。大天使方と私たち二人は兄弟姉妹、親子であり、過去世のエルベーター星以前からの関係です。その関係上、いつも側におられるのが天使長ミカエル、ラファエル、サリエル、ガブリエルの四方です。また私の相方のなかに大日如来（阿弥陀ともいう・エルミタナー）様、私の妻にはマリヤ様が守護霊としておられ、私の子供にはブッタ様の守護霊であったアモン様がついておられるのです。

こちらに来られる方々には、平均、一人に対し三人の菩薩界の守護霊をつけています。お呼びできる方は、ブッタ様（エルカンターラ）、イエス様（アガシャー）、アラー様、空海様、日蓮様、七福神の方々、ブッタ様とイエス様が連れてこられた宇宙の天使様方です。その他、天使長ミカエル様がどなた様でも呼んでくださいます。

11　私たちの簡単な紹介

天使エルディアナ様を、これより「相方」と呼ぶことにします。

相方の母は看護婦であったので、その関係で、天津《てんしん》で生まれました。終戦の引き揚げのときに、その母が赤ん坊だった相方をリュックサックに入れ、隠して船に乗ろうとしたとき、急に大声で泣き出したのでその船に乗れず、後の船に変えたことがありました。後でわかったことですが、その乗れなかった船は、のちに沈没していたのです。このように、相方が神の直接的使者であることを、霊界のすべてのものは知っていたのです。子供のころ、蛇が体に入るのが見えたり、学校の幅跳びで宙を浮いて、驚くほど跳んだりしたのですが、その後、サタンたち魔界の者に狙われ、母親は子供（相方）を置いて家出をしてしまったので、祖父に引き取られて生活しました。地獄の底を這いずり回るような苦労の連続でした。

相方は、大変気性が激しく、学校でもみんなを泣かせるような性格で、口も達者で怖がられていました。今ミカエル様方に、宇宙一の暴れ者だと言われていますが、神はそれでこそサタンたちと渡りあうには適任と思われ、私と二人、この世に下されたのです。

相方は、宗教や拝み屋などを回り歩いて、最終的に正法らしきものと出会い、反省をすれば地獄より脱出できると心に定めて実践したのですが、なにしろ地獄生活が長かったため、心は真っ黒でした。それが、反省を進めていくにつれ、心より真っ黒な煙が出はじめ、その色が徐々に白色に変わっていき、ついに最後にはなにも出なくなったのです。そのときが反省の終了のときで、カルマがすべて取れたのでした。そのあいだ、専念して三ヵ月もかかったのです。

ミカエル様方は、相方が子供のころから神の命《めい》により見守っていましたが、なにしろ本人が地獄では、神の命とはいえ肉体に入ったり話したりはできなかったのです。反省の後、大日如来が体に入られ、ミカエル様方も自由に話したり出入りもできるようになりました。

ですが、その後大変な仕事が待っていたのです。私たちの仕事は悪を善に変えることですが、それは、悪霊を相方の体のなかに入れ、浄化して出すということだったのです。善霊が悪霊を次々と入れてくる。体には地獄救済の大日様がおられるので、次々と、目から鼻から耳から、悪霊たちを浄化して出していくわけです。人間はこの世でカルマを積んでいるので、人を通さないと浄化しないのです。

入れられる霊は、蛇、竜、キツネ、太古からの人霊、これは古いので、五百円玉のようなものから、大きさや色はさまざまです。その者たちの浄化に要した期間三年半、風呂にも入らず、体をふいて、食事はスーパーの弁当ばかりで、その上に子供を二人育てていました。相方は痩せ細り、乞食のような姿となりました。その浄化した悪霊の数は何百兆という天文学的数字で、最後に相方の体のなかにおられた方が前に出られ「終了です」と言われたのです。その方は壮絶な美人で、黄金色の光がまぶしいくらいに出ておられました。ミカエル様方が「お母さん」と呼んでいます。

これも、最後の審判で、助けられる者は助け、助けられない者は地獄と振り分けられていたのです。

これは笑い話ですが、相方は、トイレに入ってもミカエル様方がついてくるのが見えるので大変困って、便秘になったこともあります。今は慣れて気にしていませんが。この相方こそ、世界でただ一人、神より許しを得た人で、すべての霊が入って話すことができ、また見えて、霊聴も聞け、神様とも話ができるのです。

天使はすべて神様とお話しできます。でも神は簡単な言葉しか話してくれません。たとえば「そうしなさい」「こうしなさい」「言葉を慎みなさい」というようにです。また、私たちは法名もいただいています。

大変だった時期から六年ほど過ぎたころ、相方は私と再会しました。再会というのは、この時点より十五年前に、仕事の関係で和歌山で会っていたからです。

私は地球に四回転生しており、みなさんの知っている名前でいえば、ラグエルとブッタ、インド時代のシャリプトラ（舎利布または舎利子、多くの経文のなかに出てくる名前）です。私は現在六十七才ですが、私が正法まがいに出会ったのは三十二才のときで、それらのいいとこ取りをして反省に取りかかりました。しかし、そのときの反省は自分に間違いが多かったため、首にタオルを巻いて涙を吸い取って再び反省をした後、一人でも多くの人に正しいことを知らせなくてはと思い、話し始めたのです。初めのころは話しても信じない人が多く、まず法を説きながら、悪霊を取ったり、病気の人を癒したりしていたのですが、会社に勤めていたので休日や時間の合間に一人で実践していました。

やり始めて一年くらいたったとき、私の評判を聞きつけて三十才くらいの女性が訪ねてきました。明日子宮筋腫の手術をするので、なんとか助けてほしいというのです。筋腫の大きさは夏ミカンほどだというので、今日の明日では無理かと思ったのですが、とにかく神様にお願いしてみようと、患部に癒しを願って光を送ってみました。

するとお腹が二、三度躍ったようになり、しばらくして私は無意識のうちに「ハイ治りました」と言ってしまったのです。そして「明日、病院へ行ったら、もう消えたと言われますから、ほかの病院へ確認のために行きなさい」とも言ってしまったのです。これは自分の考えで言ったのではなく、なにかに言わされてしまったという感じでした。

その女の人が次の日病院へ行ったところ、筋腫はどこかへ消えてなくなっていると言われ、次の病院へ行っても、なにも異常がないと言われたということで、「先生のおっしゃるとおりでした」と大変喜んでくれました。それからしばらくして子供ができたと報告もありました。七年間子供がなかったのです。

その後も多くの人が来て、私は法を説いて病《やまい》を治していたのですが、紹介されたといって多くの人が来ても、一度来たきりで後は来ない。それは、みんな一回で病気が治ったからだ、というのです。結局、ただの病気癒しになってしまったのでした。

でも、自分にも勉強になり、霊体離脱をしてどこへでも行け、光を送ったり悪霊を取ったりして病気を癒すことができるようになりました。

平成十年ごろだったと思いますが、六十才前後の女性が紹介されて私のところへ来たことがあります。その女性の娘さんが大腸ガンになり、医大病院で大腸を取って、小腸を肛門の方につないだのですが、大腸と小腸の動きが違うので小腸に穴が開いてしまったのだそうです。医大ではどうにもできず、神戸の専門病院に入院しているが、どうしても穴が埋まらないのでなんとかしてほしい、ということでした。

私は遠方でもあり、どうにもならないと思い、二、三度断ったのですが、ぜひなんとかお願いしたいと言われて、ではやってみましょうということになりました。霊体離脱をすることに定め、神戸の病院の場所を詳細に聞き、霊体で病院に行って、神の光をもらったのです。

すると、驚くことに首から下が黄金色に光ったのです。戻った私は「あなたの娘は次の日曜日に退院して帰ってきます」と、また意図せず言ってしまいました。女性は大変喜んで帰り、その十日ぐらい後に娘さんと二人で来て、「先生の言ったとおり穴がふさがり、退院の許可が下りて帰ってきました」とお礼を言われたのです。この娘さんも、六年間子供がなかったのですが、約一年半後に、子供ができたとその子供を連れて報告に来ました。

しかし、これらの病気癒しや奇蹟は二次的なもので、こればかりを追うと悪霊にやられます。法を説くのが本当の目的で、奇蹟や病気癒しは二次的についてくるものなのです。イエス様やモーセ様、ブッタ様が、奇蹟や病気癒しをしたというのも同じです。その点、霊的なことのできない教祖が、自分たちがニセ者であることを見破られることを恐れ、霊道者を嫌うこともあります。

本当は、この世の人も地獄の悪霊も一人でも多く成仏させようと、機会あるごとに一人ひとり根気よく指導するのが天使の役目となっています。人を集め、ものを売って金儲けに専念している教祖は馬鹿者といわざるをえません。死ねば真実がわかります。

現在は、神や天使はあまり奇蹟を起こしてくれません。なぜなら、最後の審判も済み、残りの者たちは奇蹟を見せても改善がむつかしいからです。

12 G会の教祖の霊言

ここで、もう一度G会の教祖について述べておきたいと思います。というのも、死後この人は自分の弟子のところをまわり、取りついて悪事をしており、今は私たちの近くに来ているからです。その教祖との、霊言を通したやりとりがありますので紹介しておきます。

G会教祖 美津子（私の相方、エルディアナのこと）、あなたにティアラ（あの世の王冠のこと）を私たちがかぶせました（本当はミカエルがかぶせた）。今までのあなたでは、もうない。初めから君を狙っていた。なぜかというと神があなたに入ったからです。僕は君に神を取られた。だが君は神とともに行くでしょう。僕自身、君と離れることはできない。ミカエルやラファエルが私にティアラをぶつけてくる（あの世の天使の王冠をぶつけると、霊体が消滅する）。僕は死にたくない。

僕はサタンと兄弟でした。長野でそれを知らされた。子供のころです。なぜ普通の人は霊が見えないのか、聞こえないのか。僕は円盤（ＵＦＯ誘導操作のこと）で操作されていたのです。僕は操作されていた。そして、東京に出て正法を説いた。これはすでに決まっていたということを知らせておくよ。

生きているあいだに君と会わなくてよかったよ。会っていればきっと見破られていたかもしれないな。Ｓ（幹部弟子）のことは、僕がついていろいろやって、Ｓはそのことを知っている。

正直に話せば君たちはきっとビックリしただろうと思う。T子（後を継いだ女性）もやはりUFOでやられている。K会の教祖もしかり。O君（Sの弟子）、M君も、僕たちがやった。栗山君（著者のこと）と君を会わせたのも僕です（本当はミカエルが会わせた）。君が家にいて年老いていくのを見ていられなかった。

それからオーデラ（あの世のお金のこと）は君にあげられません。なぜならば、僕は四次元、君は三次元だから。子供が生活するだけの分は手配した。これ以上の苦しみはないというほどのことをしようと思ったが、ミカエル、ラファエルが怒るからしない。

健《たけし》（相方の元夫）のことは、君から離したのも僕です。苦しむだけ苦しめようと思った。心の冷たいのは僕です。君と一緒にいると落ち着く。不思議だ。天津《てんしん》で生まれたことや、神が入るということは霊界で知らされた。サタンは君のお母さんを使って君を苦しめた。なにも知らないのに健は僕と話をした。そして君から去った。

木村（相方の元夫の父）があの世へ来たとき、葬儀が終わった焼き場で、健に憑依（取りつくこと）した。人間がコロッと変わるときは、四次元が動いたのだ。それに、君に洋服や着物は人よりたくさん持たせた。金も一人でいるわりには、困るようにはさせなかった。最後のとき、君に一人でいてもらいたかったんです。

僕は一番先に君に目をつけた。H（弟子）に憑依してああやった（相方の子供のころからのことを言いあてた）。正法というのを君に教えたのは僕です。それから君を離さないのです。主は君を守っている。僕は君に負けないつもりです。

ラファエル　私はラファエル。美津子を守る。美津子に対して君は色々なことをするが、私は絶対に美津子を守るよ。ルシファ（サタン）に対しても私は許さない。

ミカエル　私はミカエル。栗山さんと手を組むということも、美津子が和歌山へ戻ることも、私たちがそのようにした。そして、健に子供の責任を取らせたのも私たちです。魔界もやはり動いた。これは天と地獄の争いです。

G会教祖　僕は君の心に波動（悪い波動）を与えているが、君の心は光ってそれを察知する。今から後は、色々な方法で、君に対して話をするが、一度光った者は決して負けない。だが僕はやってみる。昌幹や一紀（相方の子供）と別れて君だけ天国へ帰ることができるか？　僕は子供（跡継ぎの女性のT子）に執着した。君もしないわけはない。君はどうなっているのか、僕には見えない。いくらミカエル、ラファエルが怒っても僕は君に対していやがらせを続けるつもりだ。神自身がなにをやったか、僕にはわからないよ。でも君に対してのいやがらせを続ける。

僕の反省を君に書いてほしい。

(一)「東京に出て正法を説け」、それが僕に対しての命令です。

（二）それが大きくなれば金に不自由させない。
（三）会員をつくり、現象をやれ。
（四）そうなれば、地獄の者たちを送り込む。
（五）僕はやった。会員の前で鼻高々だった。

以上のごとく、G会の教祖も、三次元（この世）の現象界に心を奪われ、やがて訪れる実在界（死）について考えておらず、自分の喜怒哀楽に気を取られて、地獄界に落ちてしまったといえます。でも彼は元々の悪人で、過去にもサタンたちと組んで色々な悪事をしてきたのです。

みなさんもこの世の欲に負けず、いつも死が来ることを強く自覚して、死がいつ訪れようとも大丈夫な自分をつくるように努力してください。

先述した霊言にもあったように、各宗教教祖はすべてこのようにＵＦＯ誘導操作され、また各個人も悪霊に取りつかれ、自分が話しているとか、考えている、と思いこんでいて、本当は悪霊に支配されているということに気づきません。言い換えれば、自分の心（霊）と悪霊とが入れ替わっているのです。そのため自分の心（思い）に上乗せしてきたり、言うことがコロコロと変わったり、体調を悪くしたり、霊聴が聞こえたり、極端な人はノイローゼ、精神分裂、多重人格、自殺、殺人へと進行していくこともあるのです。

悪霊というものは、自分の性格に比例した者に取りつきやすく、気の弱い心の小さな人には地獄霊（主に幽霊）が、また気の強い強情な人には、動物霊や魔界の者が取りつきやすくなっています。たとえば、先日死刑宣告を受けた宅間守などは、魔界に帰る者です。

では、どのようにして悪霊に侵入されるかといいますと、まず怒ったとき、寂しいときなど、心の動揺の激しいときが取りつかれやすい瞬間です。その瞬間に、人の背後から、動揺の心の隙を見て飛び込みます。結果、霊道ができ、いつも霊の出入りが自由になり、思考力も肉体も犯され、メロメロ状態になる人も多いのです。

また、人間は心と行いによってなにに生まれ変わるか知れません。

13　鯉になった人霊

例として、私たちの指導を受けに来ている人の話をします。この人は大変な霊媒体質で、どこへ行っても悪霊を多くつけてきます。

その人が、ある日の夕方、近所の婦人と二人で散歩に出かけたのですが、途中に小川があり、その上の道にコイが二匹いて、一匹は死んでいました。もう一匹は小川に戻ろうとピチピチはねていたので、小川に逃がしてやったのだそうです。

その翌日に私たちのところに来て霊上げ（悪霊を浄化して上げる）をしていたのですが、そのうち手をくねくねさせはじめ、相方が霊視すると人霊であったので、「なにか言いたいことがあれば言ってみなさい」とうながしました。私たちのところに来ると、光が強いので、霊が浮き上がってくるのです。

その霊は、「私はイギリス人の軍人で将校だったのですが、フランス革命のとき、フランス人を次々と殺し、また部下たちに命令をして多くのフランス人を殺しました。その後、敵の将校に殺され、地獄界をさまよい歩き、あげくに鯉となっていたのです。そして今回は、近所の子供たちに石をぶつけられ殺されました」と言って、私たちに助けを求めたのです。この人は、私たちの指導により今は成仏しています。

このできごとは、お釈迦様が説かれている相殺ということをあらわしていて、殺せば殺され、人を助ければ助けられる、作用・反作用の法則のあらわれなのです。

14　カッパの霊

さて、その同じ女性が再び手をくねくねとさせるので、また鯉かと思ってよく見ると、背中に亀のような物があり頭がハゲていました。

「お前はカッパか」と聞くと、「そうです」と言って頭をさげ、「私たちは、約三千五百年ほど前には仲間が多く生存していたが、今は霊となっている。近くの大久保の池はあの世においても池となっていて、そこをこの女性が通っていたのでついてきた」と言い、その池には仲間がたくさんいて、子供もいると話したのです。

動物でも、犬、蛇、キツネ、竜等はあの世（四次元）へ行けば人間の言葉が話せるようになります。

15　犬の霊

私が飼っていた犬の話です。

自宅の近くの山に造成地があり、毎日野良犬に餌をやりに行っていたある日、生後二ヵ月ぐらいの子犬が道のわきを歩いているのを見かけました。あとをつけると、住処《すみか》と思われるところがあったので、そこに餌を置いて、帰って来ました。そして次の日も餌を持って行くと、白い子犬と先日の犬と二匹いて、餌をやると二匹とも近くまで来て食べ始めたのです。そのようなことが約半年ぐらい続き、犬も私によく馴《な》れて、行くとしっぽを振りたいへん喜んで寄ってくるようになりました。

ある日、車の横にすわっていた妻が「犬が変な顔をしている、笑っているみたい」と言うのです。私は餌をやるのに一生懸命で、犬をあまり見ていなかったので、もし笑うようであれば飼ってやろうと思い、次の日よく見て確認すると、しっぽを振り、歯を全部出して笑っているではありませんか。

それで家に連れて帰り、飼うことにしました。大変賢くて物静かな性格で、家ではもう一匹プードルを飼っていたのですが、食物も、プードルが取りに来ると譲るような犬でした。

よく笑うのでニコと名づけて一年ほど過ぎた日、急にニコがふらついたのです。すぐに病院へ連れて行くと、山にダニがいたらしく、そのダニの小さいのかなにかが血液に入っている病気で、手当をしたのですが、注射も悪かったのか三日ほどで死んでしまいました。

その日のこと、ニコの霊が人に入って、「私は室町時代のお姫様であったが、他家へ行かされ、人身御供《ひとみごくう》のような生涯で、たいへん心が苦しい日々であった」と、私たちにお礼を言うのです。そして神様が「私が引き取る」とおっしゃられて、即菩薩界へ行ったのでした。しばらくは天上界で休んでから、私たちの手助けに来るのだということです。人霊が犬に生まれ変わっていたのです。

16　人霊

ある日、私の近くの人家が火事になり、その話を私たちのところに来ていた女性に話したところ、帰りがけに火事の現場を見に行ったそうです。その女性が次の日に来て、霊上げ中、急に苦しがるのでよく見ると、黒こげになった人霊が取りついていました。

「この女性が少し光っていたので火事の現場から入った」ということでした。

体が焼けただれ大変苦しがり、水をくれと言うので、水を与えるとごくごくと飲み干しました。

神様にお願いして、光を送って焼けただれた霊体を癒し、少し落ち着いたところで事情を聞くと、

「じつは、息子がいるのだが、火事のとき、私を放って先に逃げた。助けようと思えば助けられたのに、息子には借金があったので私の保険金目当てに助けてくれなかった」

と言って怒っているのです。それを宥《なだ》めて、反省をするよう促《うなが》したところ、おとなしい霊であったので、今は成仏しています。

こうして、他の悪霊たちも成仏するように、多くの者たちを指導して成仏させているところです。

今の宗教は、イエス様が人の原罪を贖《あがな》えるはずもないのに耳によい言葉を並べたり、お経を唱えたりしていますが、そんなことで成仏はできません。一人ひとりが自覚し、自分で自分を修正しない限り、決して成仏できません。したがって、地獄界の住人は多くなるばかりです。他人が原罪、業《カルマ》を贖《あがな》えるのであ

れば、神は私たちが望まなくとも、そうしてくださっていることでしょう。実際は神は見ておられるだけで、原因・結果の法則があるため、「棚から牡丹餅《ぼたもち》」はありえないのです。

私たち（私と相方のエルディアナ）についていえば、相方にはエルミタナー、そしてミカエル、ラファエル、サリエル、ガブリエル、こういった方々がいつも側《そば》にいて指導してくださっています。こちらに来る方たちは、悪霊が入るとすぐ自覚できます。なぜなら、反省をして、自分の欠点（業）を取りつつあるので、光が出ており、悪霊たちと霊波動が合わないからです。

一般の人びとは、悪霊に取りつかれても、頭が重い、痛い、肩がこる、痛い、また胸元が苦しい、痛いなど、体調がおかしくなり病院に行くくらいのことで、悪霊のせいとは自覚できません。先にも述べたとおり、黒いものに黒いものが入っても、同類（同じエネルギー）だからわからず、自覚できないのです。反対に光が強くなり不動心となれば、光の量が多くなり、エネルギーが異なってくるので交《まじ》わりにくく、悪に負けないのです。

17　精神病の人を癒す

高校一年生の少女が、五、六年前からうつ病に罹《かか》り、病院から精神安定剤などの薬物を与えられていたのですが、いっこうに回復せず、むしろ悪くなるいっぽうでした。

最近とくに、他人が自分の悪口を言っているという思いが強く、悪口を言っている霊聴が聞こえだしたのです。隣の人たちが悪口を言っているとか、近くのいたるところから悪口が聞こえて、二階の窓から外にむかってどなり、重症の被害妄想に陥って、病院に行っても手の尽くしようがなく、難病といわれて私たちのところに来ました。

その少女をよく見ると、頭に地獄のヘッドギアーを被《かぶ》せられていて、そこから悪口がつぎつぎと霊聴となって聞こえていたのです。完全な精神病となっていましたが、神の光を与えながら、自分の欠点をじょじょに反省させ、来るたびに指導しました。

すると、ミカエル、ラファエル様方は、約半年で回復するとおっしゃいました。病院や薬をやめさせましたが、二、三ヵ月で回復に向かい、四ヵ月近くで九十パーセント回復しました。半年かかると言ったのは、回復してからの予備期間をみていたのです。現在は、医者も驚き不思議がるほど完全に回復しました。

母親が病院でこのことを話したときは、医者は「そんなバカな」と言うばかりで、信じていないようでしたが、重病が薬も与えず回復したので、医者もたいへん驚いたのでしょう。

この少女が悪霊（サタンの配下）に被せられていたようなヘッドギアーは、当人が自分の欠点をよく反省して神に詫びれば、自動的に落ちてしまうものです。精神安定剤などの薬は、自分の神経をにぶくするだけのその場しのぎで、完全回復にはならないのです。

18　悪霊の多い場所

〔神社や仏閣〕こういうところにいる悪霊は、この世で生活していたときに、自分がつくり出した苦しみなのに神や仏に救いを求め、また自分の欲望や利益のための願いごとをして、私利私欲に生きた者たちで、間違った考えと行動が原因で死亡した者です。そういう人は数が多いので、悪霊たちの数も多く集まっています。

現在の人類は、つまらぬ習慣と誤解によって生活している人びとが多く、これらと同じこと（他力信仰）をしている人は、必ず同じ世界に行くことになります。神は、みなさんの考えや行動はすべてご存知で、神がするべきことであれば、すでにしてくださっているのです。

人間は霊長の動物であるため、全権を神より与えられ、神はただ見ているよりほかにありません。神には不可能はありませんが、いっさい、助けはしません。それで現在、悪事が地球に蔓延《まんえん》（霊界もですが）している状態ですが、それは原因・結果の法則（因果応報）が働いているからです。各個人が間違った習慣や環境に迷わされず、自分がしっかり正見をして確かめていく以外にありません。

〔墓地〕この世で生活していたときに、立派なお墓を立て、自分が死後そこに入るものと思った人や、先祖がそこにいるから自分も墓に入ろうと思った人たちが、「死んでビックリ墓のなか」ということで、死後のお墓は地獄界です。

本来、墓は先祖や両親に、お世話になった恩を忘れない感謝の心をあらわすものです。お墓は正しくいえば先祖の記念碑なのです。また、お骨を少し入れるという死者の形見的な風習は、本当は、灰になったものなどは取り置きするべきではないので、間違った習慣なのですが、現在も行われています。

このように、間違った人びとの霊が屯《たむろ》するので、お墓に悪霊が多いのです。お墓にお参りするときは、心を静め、不動の心が必要です。このことをよく注意しないと、悪霊にたかられ、頭が重くなるなど体調がおかしくなり、考えも自分のものではなくなります。

〔各行場（行者）〕冬の寒いなか、滝に打たれたりすると、寒さのほうに気を取られ、一種の精神統一状態（失神状態）となります。自分が悟っていないのにそのようなことをすれば、悪霊や魔界の者にたかられ、理解のできないことを言ったりして、その結果、精神病に罹《かか》ってしまうでしょう。いくら身体を洗い流しても心は清まらず、反対に肉体の苦痛のため地獄界を指してしまうのです。火祭りといって火を焚いたり、ゴマを焚いたり、また、お遍路で悪霊の巣のようなところをまわっても、決してよいほうにむきません。昔からの習慣によって、矛盾《むじゅん》した人びとの後継者になっているといえます。

正しいか間違いか考えもせず、ただ習慣によって、漠然とよいと思ってしたことの果てに死亡した人や、遍路途中で死亡（野垂《のた》れ死《じ》に）した人びとの霊が、道や寺の周辺に自縛《じばく》霊や浮遊霊となって、うようよしています。

また、何日断食をした、などと増長心を募らせると、地獄界をつくりだしてしまいます。これらの行者はすべて地獄界の者で、しかも行者には比較的強い悪霊が取りつくので、くれぐれも行をしないようお願いします。ブッタ様や天使様方は行をしろとは、いっさい指導していないのですから。

〔病院〕病院は、長く病気で、痛さや苦しさが続き、また自分の病気に対して、あれこれ心を砕いたあげくに死亡した人たちが多く、その霊体が、昔からかなりの人数となっているため、地獄霊、浮遊霊が数多くさまよう場所です。

たとえば、私たちのところに来る精神病の人についている悪霊に、どこからこの人に入った（取りついた）のか尋ねると、もとは精神病院におり、そこでこの人についたと言います。精神病院へ精神を治しに入院しているのに、そのうえに、精神病の霊に取りつかれたのでは、悪の相乗となってしまいます。病院側や親や兄弟は、そのことがわからないのです。病院で安定剤を服用しても自分の神経をにぶらせるばかりで、自分の神経をストップさせて、よくなったように見えても、また元に戻るだけです。おまけに、そのストップ時の精神に、悪霊が取りつきかねません。ほんの初期の場合は、安定剤もよい場合があるでしょうが、それは一部の人だけです。

以上のように、病院も悪霊の巣であることを知ってください。心配ごとを持って病院に行くことはよくないといえるのです。

19　占いの間違いについて

占いは、平均的に日本人が特に好むものです。芸能関係者や女性、特に若い女性に、わけもわからず、自分の好奇心や面白半分で占いをしたがる人たちが多いようです。鑑定料は何万円、何十万円と法外な金額を取り、人気のある者の鑑定料は特に高価になっています。

昔から占いは「当たるも八卦、当たらぬも八卦」といわれ、よいか悪いかという質問があったとすれば答えは二つに一つですから、適当に答えていたとしても、うまくいけば七、八割は当たってしまいます。

また、星座占いなどは、人間が星の大小を点で結び動物の呼び名をつけたものが星座ですから、これらもまったくのでたらめというほかありません。当たることもあれば、当たらないときもあるものです。そういう頼りないことを頼みに生きるように、人間は神に創造されたのではありません。

同じ質問を、四柱推命、算命学、姓名判断、易占い、西洋占星術、気学それぞれに聞いてまわると、答えが違ってきます。こんな頼りない無駄なものに、時間と金を浪費せず、自分自身が前進することです。

和泉宗章氏は、天中殺や他の占いについて、占いをしていた自分自身で、間違いであったことを告白しました。間違っていたことを本人が実証したのです。和泉氏のいう「悪い易者」の手口を、タイトルのみここに紹介しますと、「易者に振り回された女主人」「骨までしゃぶるハイエナ商法」「不透明な鑑定料」「蟻地獄の犠牲者たち」。これを見ても内幕が想像できることと思います。

もし占いが的中するとして、たとえば、「私は何才まで生きられますか」という質問に、「あなたはあと一年半で死にます」と言われたとしたら、あなたはそのあいだ、どういう思いで生きますか。もしあなたが財産家の息子だとして、「父の命は何才までですか」と尋ね、「あと一年」と言われた、その父が十年生きたとすると、その十年間のあなたの思いはどうでしょうか。

このように、占いが的中するにしろしないにしろ、すべて心の負担となり、自分が苦しむ原因となるのです。そのため天使方も、当てもの的なことはいっさいしません。

また、五黄殺、悪い方角のことについても、地球に悪い方角はありません。地球は地軸によって自転しており、いつもそのある場所が変わっています。鬼門というのはただ風向きに関係するのみで、日本は北東、南西の風が多いので、風上にトイレとか毒性の木などを配置しないほうが、物理的によいだけのことです。

占いなどに頼らず、自分をしっかりと生きてください。

20　生体移植について

現在、医学の進歩もめざましく、生体移植がさかんに行われていますが、これは神より許されていません。人命は尊重すべきもので重要ですが、神より与えられた命は、神より与えられた天命に従うべきです。たとえば脳死の人にしても、助かる見込みが絶無と判断されているにもかかわらず、現在の法律では、酸素を与えて強制的に生かされています。

また、先日あったことですが、外国人の女性に、男性の心臓と胃を移植したところ、その女性が男性の生きていたときのことを話すなど、二重人格のようになりました。それも当然のことです。心臓と胃に男性の心が残っているので、心臓と胃以外の男性の霊体は、あの世にも行けず宙ぶらりんになっていたのです。

人が死ねば、肉体があったときそのままの姿の霊体が、あの世に行きます。移植でこの世に臓器が残ると、残った肉体のために、霊はあの世に行けず、移植を受けた人が死亡するまで、宙ぶらりん状態で待っていなければいけないのです。あの世へも行けず、この世にも帰れず、被移植者の犠牲となっています。人が人の犠牲となることを、神はけっして許していません。

ここで少し死後のことを述べておきます。

あの世、死後の世界はどうなっているか、あるのかないのか、また魂のようなものになるのかと、判断に迷うことと思いますが、死後もこの世の肉体のすべてがあります。透明人間と同じで、ただ霊体となっていて一般の人には見えないだけです。

血管もあれば、爪《つめ》も伸び、髭《ひげ》も生え、お腹も空《す》くし、大小便もします。風呂にも入りますし、ウーロン茶もコーヒーも日本茶も飲みます。田も畑もあり、カラオケでマイクを持って歌っている者もいます。タバコを吸いながら、あいつは歌が下手《へた》だとか上手だとか言って、まるでこの世と同じですが、ただこの世にないものも数多くあり、それらは古代からあの世にあったものです。ということは、古代以前には、他の宇宙、惑星も、この世に実在していたものなのです。

ここでよく知っていただきたいことは、天上界からも地獄界からも、明々白々に、この世のすべてが見えているということです。あなたの行動はいつも見られている、ということをよく認識して、考えや行動の恥ずかしくない自分を確立していただきたいと思います。たとえば死後のG会の教祖は、子供の悪人（ルクチヤラ、キューピッドの同類）に、「毛ジラミ、毛ジラミ」とからかわれています。生存時、毛ジラミがあったからです。

21　著名人の死後

この世で有名な名高い人は、死後はさぞよいところ（天国）へ行っているだろうと思うでしょうが、それはとんでもない思い違いです。神の国に行くのは、イエス様の言われたとおり、ラクダが針の穴を通るよりむつかしいのです。本当はやさしいことなのですが、それがむつかしくなっているのは、現代社会で生きるための悪い習慣が身につき、それを間違ったまま子孫に受け継いでいるためです。自分の業《カルマ》（原罪）を知らず、またその業を取りのぞく術《すべ》も知らぬまま、間違いの延長線上で生きているからなのです。そのため地球も人類も、地獄界を形成してしまったのです。

ここでもう一度、空海様の秘蔵宝黒鑰を思い出してください。「三界の狂人は狂わせることを知らず」、これは真実の言葉です。この世の人は狂人であるのに、狂人とは知らない、ということを空海（弘法大師）様は独学で悟られ、四次元（あの世）がすべて見えていたのです。今は、金の鈴のついた杖を持って金剛界におられ、私たちのところへもいらっしゃいます。

このように、著名人といえども、現人類の習慣によって生きた者は天上界へは行っていないのです。例をあげましょう。

〔レオナルド・ダ・ビンチ〕この人は、この世の習《なら》わしで生き、同業者に対し敵対心を持って闘争し、そのうえ同性愛者であったため、いまは地獄界にいます。

芸術の能力は高かったのですが、間違った考えで生き、神より許されていない同性愛にふけったので、地獄界に落ちています。

〔ピカソ〕〔ゴッホ〕ピカソの絵は、たいへん変わっているので、現在の美術関係者は、名画だといって勝手な理屈をつけています。ですが、本来絵画美術は、見た人の心のなごみの度合いによって評価するものです。ピカソらはノイローゼになっており、みなさんには判断しがたいと思いますが、彼らの作品はすべて、魔界の者に支配されて描いた絵です。

日本では多数の有名な文学作家が、仕事柄妄想心が強かったことが原因で、自殺へと追いやられています。芸能界でも自殺が多いのはこのためで、死に急がなくとも必ずやってくる天命を待っていられないのです。

あなたは平常心で自殺をする気持ちになれますか。自殺の気持ちが起こったときは、心が平常でなく、魔界に支配されているときです。人間は父母との縁によって、自分が親を選んで生まれ、神によって生かされているのです。それを知らずに自分で命を断つと、間違いなく地獄に行ってしまいます。

〔ジャンヌ・ダルク〕彼女は、神の使者であるとか、正義の騎士的存在のように思われていますが、理由に関係なく、人を殺《あや》めたり、戦争の加担や先導をしたり、また殺人行為をした場合必ず地獄魔界に行きます。

〔アインシュタイン〕科学における大変な功績者であり、天上界にいると思っている人が多いと思いますが、じつはこの人も、人類に悪影響を及ぼす核開発の原理を発見しており、神に許されていません。核エネルギーは、地球と人類を滅亡させるエネルギーであるからです。

偉大な学者、文学者、芸能界の高名な人びとでも、このような結果です。「では私は?」と思われた人は、次の天国と地獄の図で、自分は現在どこにいるか判断してください。

22　人類の天国と地獄

次ページの表であなたはどこにいますか、自己判断をしてください。

現在地獄にいる人でも、反省によって救われます。反省方法は後に記してあります。

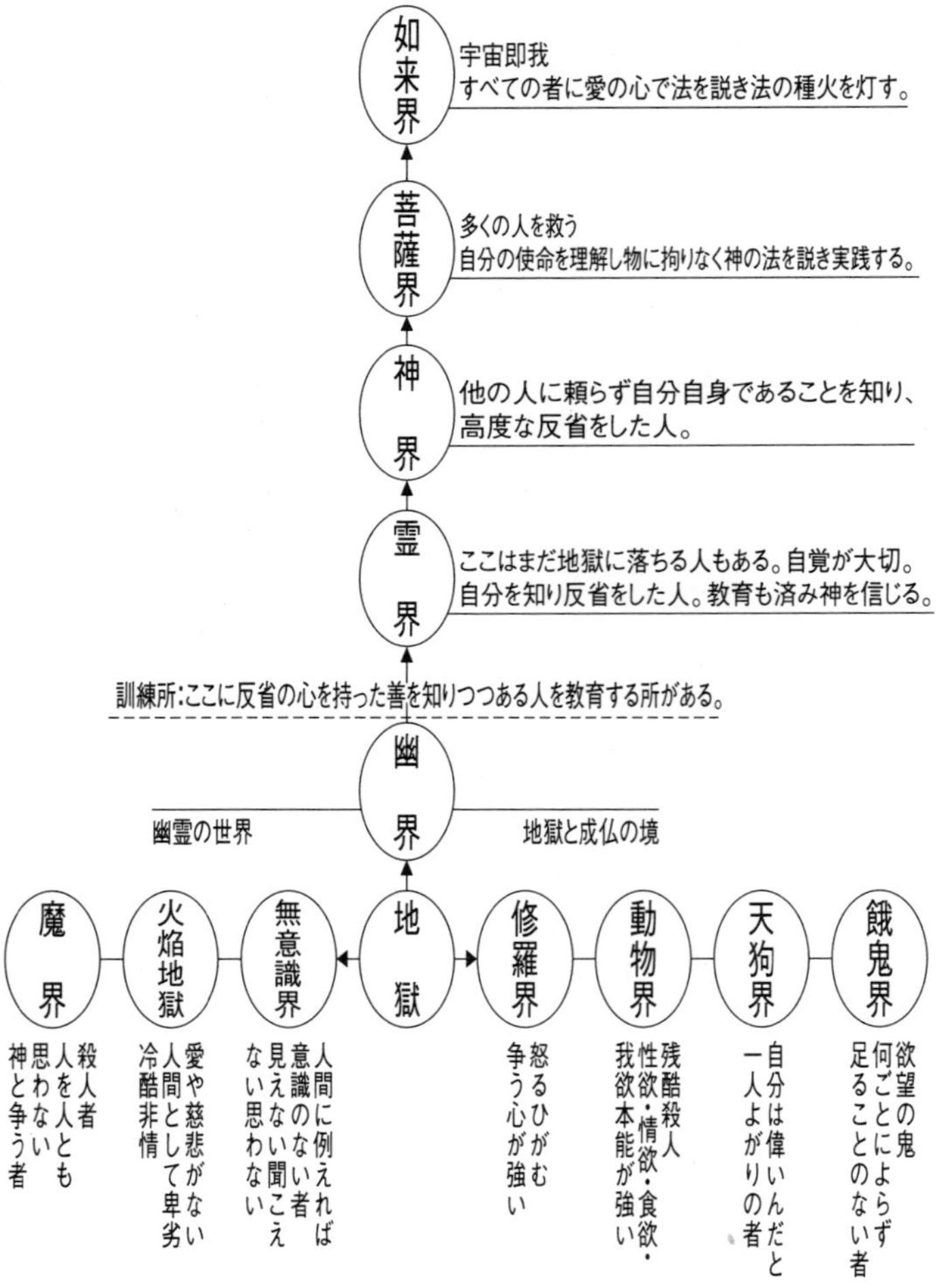
如来界
宇宙即我
すべての者に愛の心で法を説き法の種火を灯す。
菩薩界
多くの人を救う
自分の使命を理解し物に拘りなく神の法を説き実践する。
神界
他の人に頼らず自分自身であることを知り、
高度な反省をした人。
霊界
ここはまだ地獄に落ちる人もある。自覚が大切。
自分を知り反省をした人。教育も済み神を信じる。
訓練所:ここに反省の心を持った善を知りつつある人を教育する所がある。
幽界
幽霊の世界
地獄と成仏の境
地獄
魔界
殺人者
人を人とも
思わない
神と争う者
火焔地獄
愛や慈悲がない
人間として卑劣
冷酷非情
無意識界
人間に例えれば
意識のない者
見えない聞こえ
ない思わない
修羅界
怒るひがむ
争う心が強い
動物界
残酷殺人
性欲・情欲・食欲・
我欲本能が強い
天狗界
自分は偉いんだと
一人よがりの者
餓鬼界
欲望の鬼
何ごとによらず
足ることのない者

23　一般人類の死後

たとえば、一家の主人が死亡したとします。葬儀屋が来て死に装束《しょうぞく》にかえ、焼き場に行って遺体を焼きますと、その姿のまま霊体となって亡骸《なきがら》の横に立ってから、霊界に行きます。そこからは、空海さんが言われたように、約百パーセント近くが地獄へ行ってしまいます。この世も地獄ですから、一般社会のほかの人と同じような考えや習慣、環境であるなら、必ず地獄界に行きます。

しかし、サタンたちや仲間のところに行くのは恐いし、天上界へは行けないしで、さまよい、行くところがなくなってしまいます。そこで霊は、とりあえず墓やお寺に行くか、また自分の家に帰って家族に取りつくかして、近くにいる場合が多いのです。

このことは聖書にも書かれていて、汚れた霊が帰るとき、汚れた霊が人から出て行って、水のない地をさまよいながら休み場を捜しますが、見つかりません。そこで戻ってみると、自分の家はあいていて、掃除してあり、きちんとかたづいていました。そこで出かけて行って、自分より悪いほかの霊を七つ連れて来て、みなはいり込んでそこに住みつくのです。そうなると、その後の状態ははじめよりさらに悪くなります。

地獄霊となれば、子供とか妻といった家族にも、情け容赦なく取りつきます。それは、自己保存や自己中心的な心が強く、自分のことのみ考えて、他人のことはどうでもよいという思いが、生存時から強かったための結果です。この世で生活していたときは、妻子や親類といった他人の目を気にして、本性でなく偽我で人生を過ごした、そのなれの果てです。

この世の生活は、偽我でなく本性（本音）で、自分の心に嘘をつかずに正直に、人生を送ってください。みなさんも必ずこの世を去るときが来ます。このことをよく自覚して、善なる社会人となるよう願うものです。

24　悪霊たちの容姿としわざ

〔蛇〕ヘビはあの世でも多種多様で、この世にあるヘビはすべてあり、大小さまざまで、色は黒、白、赤、グリーン、シマヘビなどがいます。これに取りつかれると、頭が痛い、胸が悪い、肩がこる、気分が悪いという症状になります。

ヘビに何万匹と取りつかれている人もありますが、こうなると頭が爆発しそうな気分で、いいようのない苦しさになります。悪霊に取りつかれると、ほとんどがこの症状になります。

〔狐〕キツネに取りつかれると、ピョンピョンはねたり、キツネと同じような動作をしたりします。キツネは人霊や他の悪霊と少し違い、単純であっさりとした者が多く、たとえば、私が心で思うだけで言葉で語らなくても、取りついた人から離れることもあります。

私が「お前はいつこの人に取りついたのか」と思っただけで、「三年前、この人が金光教の信者で、道場に初めて来たときに取りついた」と言って私に頭を下げ、謝って、離れていったことがあります。キツネに取りつかれる人は年配者が多く、単純で浅はかな人がとくに取りつかれやすいようです。

〔犬〕犬の霊は人に取りつきにくいのですが、参考のため珍《めずら》しい例を述べておきます。その女性は霊に取りつかれやすく、犬に取りつかれて体を支配されてしまったとき、喫茶店でお茶を飲んでいたのですが、動作が急におかしくなりました。水をくれと言い出して、水をもらうあいだに前のテーブルをなめまくり、水を皿に入れて差し出すと、犬が水を飲むときと同じように、舌でベロベロと飲むのです。このように、キツネのときと同様、動物に取りつかれると、その動物の動作と同じことをしてしまいます。

〔竜〕竜も、赤竜、白竜、黒竜、鉄竜、緑竜、クズ竜などがあり、これらに取りつかれると、症状は特に強烈で、胸をえぐられるように苦しく、喉が詰まって息も絶え絶えになります。赤竜は色情因縁の強い人に取りつきやすく、鉄竜は、ガシャンガシャンと地ひびきをたてながらやってきます。サタンたちがつくった竜のロボットのようです。この竜たちは蛇の親分的存在で、蛇に取りつかれると後ろに竜がいる場合が多いのです。

〔人霊〕人霊には、宇宙的支配者ダビデのサタンという、惑星№九五七からやって来た者がいます。容姿は、昔映画にあった『大魔人』の魔人そっくりで、特に大型で、そこらの家をまたいで、ドスンドスンと地ひびきを立てながら地獄界を見まわっています。サタンとは悪魔の意味ですが、これは善を滅ぼし悪へ引きずり込む者のことです。

次にルシファのサタン。この者は、前にも述べたように、エデンの園に着陸したときのアダム（アダモ）で、容姿は、金髪で大変美男子です。しかし、目の色は真っ赤で、腕や体全体に緑の蛇がニョロニョロウヨウヨと巻きついています。さらに、臑《すね》に口があって、歯が上下についており、それをパクパクさせて、履いているものは黒色のチョーカー風の靴です。手は真っ黒で爪が長く伸び、約六、七センチくらい、体は筋肉質で、見るからに強そうです。

この者たちが地獄界を取りしきっているため、地獄霊たちも言うこと（命令）を聞かざるをえないのです。もし反発でもしようものならひどい目にあわされ、殺される場合もありますし、権力のない者は食事も衣服も与えられません。この世における北朝鮮と同じようなものです。

次にみなさんがよく知っている、小便小僧のようなキューピッド、ルクチヤラ、ジュピター、オブデライアン、この者たちはいつも一緒におり、主にサタンについてまわっているようです。現在は、この者たちを子供の天使だと思っているようですが、じつは他惑星からやってきた悪霊で、イタズラばかりしています。

姿、顔形は大変可愛らしい子供ですが、人を迷わすような行為ばかりしているのです。一人乗りのＵＦＯに乗り、トランシーバーのようなものをつけていて、人をからかったり、ラッパを吹いたり、歌を歌ったり、大声で怒鳴ったりと騒々しく、この世でいう暴走族のようなものです。天使もつくりものの羽根をもち、必要なときにつけるようにしていますが、キューピッドたちは他惑星から来た者なので、本当に体から羽根が生えています。その姿は鳥人のようです。

これに対して、天使様方の容姿は、髪の毛は金髪で、黄金の冠を被《かぶ》り、冠の中央には宝石があり、ルビー、サファイヤ、ダイヤ、女性には真珠などがついています。この冠は悟った者（天使）に、神から与えられるものです。顔はとても美しく、服装は天使によって違いますが、ミカエル、ラファエル、サリエル、ガブリエルの方々は、白の絹のような素材の、ネグリジェ風に手首と足首をしぼったものを着ておられます。この四方は兄弟ですから、顔も服装も、見分けられないほどよく似ています。ただ身長が少し違うというだけです。

また、アラー様もよく降りて来られますが、アラー様とは、現在中東方面で信仰されているアッラーの神のことで、コーランを下された方です。これも現在間違った信仰になっていますが、もともとは太陽神を説かれたのです。

アラー様は、頭に真っ白なターバンを巻かれ、ターバンの中央には目玉大ほどのルビーがついており、服装はミカエル様方とよく似ています。年令はこの世でいえば五、六才の子供ですが、この方は人間と違い、いっさいこの世に転生しておらず、すなわち悪に交わっていないため、神の創造されたままの姿で変わらずにいるのです。

通常は、主に動物などを担当していますが、現在は私たちのところにおられ、ときどき私たちとカラオケに行って、『テントウ虫のサンバ』などを、とても上手に歌われています。また、私の仕事はスーパーに花を納めることですが、畏《おそ》れ多いことに、その花売り場にずっといらっしゃいます。この世の言葉で言えば、超人ともいうべき存在です。

25　サタンたちの実態

サタンたちは、現在私たちの近くにいます。本物の天使が出現すると、地獄の者が成仏するので、それをさせまいとして天使の存在を拒み、あらゆる手段をもって妨害をしかけてきます。私たちに直接しかけてはきませんが、周囲の人たちに悪霊を何千何億と取りつかせ、悪霊たちに命令をして間違った悪の道へ引き込むのです。この現象はイエス様のときも同様で、先にも述べたとおり、兵士たちに悪霊を取りつかせて、イエス様を十字架にかけさせ、また弟子たちも、ユダを筆頭にイエス様を裏切らせたのです。お釈迦様のときも、モーセ様のときも同じです。

そのため、神もとうとう見切りをつけて、最後の審判が決行され、善と悪とを振り分けられたのです。人類が地球に生存するようになってから、幾多の大天使が神の使命のために転生しましたが、すべてを地獄から救済することはできませんでした。今の人類は地獄生活が長く、心に悪い習慣が根づいてしまっていて、たとえ私がこのように書いても理解できません。私たちが最後で、今後いっさい人類救済者は来ないので、今成仏できない人は永遠に地獄の住人となって日の目を見ないことになります。これはすべて神の心です。

神がおっしゃることには、サタンたちは、この世やあの世の人のクローンを、一人あたり平均五万人ほどつくっているそうです。現に、私のクローンが表でゴルフのクラブを振っているのを、相方が何回も見ています。人によっては多少の違いがありますが、死亡してあの世へ行ったとき、そのクローンをうまく使って、悪へ悪へと仕向けてくるのです。たとえば父や母のクローンを使って、またその人の心に強く残っている人のクローンを使って、うまく騙《だま》してくるのです。

この世に生存している人にも、母のクローンを使って間違った指導をしたりします。たとえば母の霊が出て、お墓を祀れとか、仏壇になにかをお供えしろとか言うわけです。間違った宗教者たちも同じようなことを言いますが、すべて悪霊たちのしわざです。

みなさんには見えませんが、地球には超大型宇宙船が三隻あって、宇宙に一隻、地球中央に一隻、日本列島の下に一隻あります。サタンたちが、そのなかに地獄霊をつぎつぎと連れ込み、ＵＦＯで他の惑星に連れて行くのです。また、地球の地獄にいや気がさして、自分から他の惑星に行く霊もあります。

その内部には、缶詰をつくるような機器で、足から頭の上までストッキング状のものを被せられ、頭の上でキュッと絞って、缶詰のごとく詰め込まれてしまっている霊が多くいます。ストッキング状の霊が人に取りつくと、私たちの神の光も届きにくく、光が入りません。サタンたちはそういう悪知恵も働かせて、悪を善にさせまいと必死なのです。この場合、私たちは取りつかれた人に、自分の心の欠点を反省するよう促す以外に方法はありません。反省をして自ら光が出ると、ストッキングも剥《は》がれ落ちてなくなるのです。

ここで参考までに、相方の見たUFOの一例をあげます。十二年ばかり前、ミカエル様から、和歌山の南部（紀南）方面に車で行くように言われたので、そちらに向って、南部の高台の観光レストランで休息をしていたときです。

UFOが海に着水して、黒い色をした半魚人のような者たちが、なにやらガヤガヤと話しながら大群で泳いでいました。他の大勢の観光客も見ていたのですが、彼らはUFO誘導操作されているので、見ているばかりで言葉も出てこず、ただ全員茫然としているばかりでした。このことは後日の新聞では話題にもなっていません。

見ているのに覚えていない、話せないという現象は、心から脳に伝わる脳波（霊波）がUFO操作によって一時ストップされるために起こります。現実に見ても覚えていないのです。このときは、UFOが来ることをミカエル様が知っていたのでした。

このように、この世（三次元）においても自由自在にあやつることが可能で、ましてあの世（四次元）は、太古の昔より、ＵＦＯ操作で人びとを自由自在にあやつれるのです。現在の人類も、サタンたち魔界の者にあやつられると、考えや態度に表れます。自分で考えている、動いていると思っていても、じつは操作されている、ということが自覚できないのです。

昔からなにか悪いことが起これば、「魔が差した」といわれますが、そのときだけでなく、自分が知らない場合でも魔にやられています。こうして人類は地獄界の住人となって久しいのです。ですから、たびたび救済者（大天使）が地球に出現し、法を説いても、サタンたちにねじまげられ、間違った宗教にされてしまうのです。このことは、今の地球の事情や動きを見れば明らかだと思います。

また、サタンたちが大変なものをつくり、それを宇宙全体あるいは地球の一方に出すと、磁場が狂い大地震が起こるので、私の相方（エルディアナ様）がそれを阻止しています。私たちは、台風などは逸《そ》らしてしまうことができる能力を、神よりいただいているのです。

26　悪霊たちとの対話

この世のお経を唱えると、悪霊たちが集まってきます。それは先にも述べたとおり、お経は唱えるものではなく行うものだからで、それを知らずに死んだ人たち、間違って唱えたり写経をしたりした人たちの霊が集まってきてしまいます。

しかし天上界のお経を天使様方が唱えると、霊を地獄界から幽界まで上げることができるのです。その後は善霊の指導を受け、自己反省をして、自分の心の黒点（間違い）を神にお詫びしなければ、上段階の霊界以上には行けませんが……。

私たちのところに来ている人のひとりに、サタンたちがコンピューター操作をして、地獄霊たち総勢で取りついていたことがありました。そのとき、取りついている集団の頭《かしら》と話しあったやりとりを、次に述べておきます。

ミカエル　お前たちはなんのためにこの人に多くの霊を取りつかせたのか。

悪霊　私たちはずっとここに偵察に来ていた。G会が嘘だということを、本に書かれたりしてバラされては困るんだ。私たちはずっと偵察に来ていた。栗山が本を書いて本当のことを世間に公表されたら困るから、今回のことをしくんだんだ。

ミカエル　で、おまえたち地獄の者を増やしてどうするのだ。アラー、来なさい。

アラー　あなたたちはこの小さな集団をつぶすつもりですか。G会の集団は大きいですし、地獄のほうが今のところ勝っている。この人たちは大きいことをしようとしているのではないよ。光波動の子供たちをネ、みんな連れて帰る。ただ人間はみな、六道（業《ごう》を積むこと）をしたよ。地球に生まれて六道をやってしまった。だからその修正のために、ここでやっているだけです。それもごくわずかです。もう光る者は光っているから。

悪霊　本を出さないでほしい、ただそれだけだ。本の出版をやめてほしい。ここでひっそりやるのはいいのだ。本が出版されたらG会が嘘だということがバレるから、阻止しに来たのだ（みな笑う）。まずこの子をやって、山本親子をやって、あの電話で大量に、西本をやり中野と、一人ひとり、本の出版をとりやめるまで全員シラミつぶしでやるつもりで、今回はやった（みな笑う）。

ミカエル　でも、書いているのは栗山さんですよ。

悪霊　もうやめてくれ。本を出さないでくれと、G会の上が言っているんだ。私たちは、そのOの配下で、命令を受けただけだ。私たちは関係ないんだけど、上の命令に従って、今回は西本と中野をやっているんだ。順番にやっているんだ。

ミカエル　お前たちは本を出すなと言うが、本を出すにはお金が必要なんだよ。

悪霊　ただそれを阻止しに来ただけだ。そうでなければ、こんな回りくどいことはしない。本を出されて本当のことが世間に分かると困るんだ。書かないでくれ。本当のことを書かないでくれ。栗山、本当のことを書かないでくれ。バレるじゃないか。バレるじゃないか。

ミカエル　ここにはそんなお金はありませんよ。

悪霊　わかってる、金のないのは（みな笑う）。金のないやつばっかりじゃ。困ってるやつばっかりじゃ。本を出さないでくれたら、こんな一人ひとりつぶすようなことはしない。

ミカエル　G会の教祖の命令もあったな。

悪霊　そうじゃ、G会の教祖からキチッと命令が来て、一人ひとり、ここに来ている者全部をつぶせと。そしたらみんな恐ろしがって逃げていくだろう。

そしたらここはもう誰も来なくなるし、本が出せない。そういうことです（と力《りき》んで言う）。本を出さないでください。本を出さないで、あなたたち少人数でひっそりとネ、反省だけしていたら、別になにも邪魔なんてしませんよ、こんなこと。

ミカエル　もうその話はやめなさい。あなたは永遠に地獄にいるつもりなんだね。

悪霊　いやです。地獄なんかいやです。助かりたいです。助かりたいです。もう地獄はコリゴリです。

ミカエル　じゃ、G会に行って、助けてもらいなさい。

悪霊　G会に行っても助かりません。あそこの教えはニセものです。光ってません。T子はミカエルではありません。あれは嘘です。あれは悪霊です。あんなところへ行ったらいっぱい悪霊がつきます。あそこはニセものです。ここは本物です。だから狙うんです。本物だから狙うんです。

ミカエル　SやMのほか、光波動を、なぜ狙った。

悪霊　みんな襲った。みんな襲った。

ミカエル　西岡さんをなぜ襲った。

悪霊　その子は普通の子ではないです。普通の人ではないです、だからです。

ミカエル　でも、神様はこの子に現象をちゃんと見せてくれているよ。手から金粉が出たよ。中本と二人にね。そして光波動の子供はちゃんと自覚するように、主自身がちゃんとなさっている。お前たちも神の子だ。

その神の子が、今回地球が大変になるので、わざわざ転生して、苦労して生きるために来た。おまえたちと一緒だが、生き地獄を生きて、死に死に死んで死に地獄、おまえたちのことだよ。力を持った者を次から次と倒して、誰が今度助けてくれますか。考えなさい、おまえたち、もう二度と助けには来ませんよ、誰も。

悪霊　助けてくれないのか。私と、この人のなかに入っている者と、二人を助けてくれないのか。助けて。本当は助けてほしい。本当は、このなかに入っているのと二人を助けてほしい。二人ペアで今回のことはしくんだ。助けてほしいんだ、本当は。

こんなことは、私たち二人はしたくないんだ。こんなことはもう、本当はもうあきあきだ。こんなしょうもないことばっかり。人を襲って、苦しめて。上からの命令とはいえ、こんなことばっかりしなきゃならないのかと、本当は、この人のなかの者と言っていた。命令には、サタンの命令には、地獄の掟《おきて》があるから逆らえないんだ。私たちも、殺される。サタンに焼き打ちにされるから、私たちもいやいやながら、この人のなかの者と仕方なくやっていることだ。本当は、助けてくれ。私たち二人を助けてくれ。

ミカエル　二人だけじゃないだろう。

悪霊　もういやになってきた。もう、いやになって来たよ。手を引きたい。本当はもう手を引きたい。今日限りで手を引かせてくれ。もういやだ、もうどうでもいい。私たちもこんなこと、どうでもいい。私らさえ上げてくれたらよう。

ミカエル　もう全員引き上げさせるか。

悪霊　全員についているのを、もう引き上げる。もう、あほらしくて、あほらしくて、もう、こんなことはできない。私らを助けてくれ、お願いだ。

ミカエル　だから助けるのは助けるが、おまえは、一人だけ助かろうと思っているだろう。

悪霊　もうみんな一緒ですから。みんな入っているから。もうみんなのものよ。ここに来ている者みんな、一緒に上げてください。お願いします。もう私も、こんなしょうもないことしたくない。上がらせてください。みんなお願いします。

ミカエル　私がお経をあげるから、その波動に乗って、あなたには七福神が待っているから、それについて上がりなさい。でも幽界までです。幽界から上は、自分が反省して上がるのです。

悪霊　ここの教えは、よくここで聞いております。中本のなかで、ずっと私も一緒に聞いておりました。上がらせていただきます。

ミカエル　（天上のお経を上げる）手をつたって外に出なさい。

悪霊　すみませんでした。迷惑かけました。御迷惑おかけして申しわけありませんでした。ありがとう……。すみませんでした。助けていただいてありがとう……。ありがとう、ありがとう。

こんなふうにして、次々上がっていくわけです。そこには七福神が待っており、金色の舟に悪霊を何億体も乗せて、幽界まで送り届けるのです。あとは天使様方が反省をさせ、次の高み、霊界へと導いていきます。このときも何億もの悪霊体を送り込まれていたので、すべてが上がるまで、アラー様が約三十分も天上のお経をあげていたのです。

今の宗教はすべて正しいものがありません。みなさんは死後、あの世に行ってさぞ驚くことでしょう。

この世で見たこともない竜や鬼、ナメクジの特大のようなもの、とてつもなく大きいＵＦＯ。ところどころに出入り口があり、また地球の地面にも霊の道があって、霊が吸い込まれて行く大型の扇風機や針の山がある。

桃源郷の血の池地獄、これは男女セックスのやり放題というところです。また深田《ふかた》というところは、さまざまな魔界の者がぎっしりと詰まったところで、暗くて大変気味の悪いところです。ワカメの腐ったような、ぬるぬるした場所です。

竜もいて、これは特別大きくて、色は銀色で頭が八つあり、三角頭巾をつけた幽霊たちをパクパクと呑み込んでしまうのです。みんな逃げまどうのですが、なにしろ首が長く大きいので次々と呑み込まれてしまいます。呑まれた霊体は生命が消滅してしまいます。

このように、地獄といってもさまざまで、私たちのところに来る人に取りついている悪霊の、なかでも特に邪悪で、言うことを聞かないしぶとい者たちは、天使や守護霊によって奈落の底へ落とされてしまうこともあるのです。

27　ロボット状態にされていた女性

ミカエル　お前たちは、なぜこの人に取りついているのか。

悪霊　ロボット状態にしていました。次から次と霊を呼び込むように、どこを歩いても全部取りつくように、この女の十七のときから（当時その女性は四十七才）ロボット状態にしていました。あっちこっちと、さんざん、さんざん取りつかせました。私が全部やりました。ロボット状態にしてあっちこっち病気にさせました。私が、私がやりました。本当に本当に恐ろしいことを十七のころからやりまして、申しわけございません。

私たち　神様にお詫びしなさい。

悪霊　神様、ごめんなさい。十七からこの子に取りついて、さんざん苦しめました。申しわけありませんでした。次から次と、最後は心臓をやって、息をできなくしました。ずっと、何年もこの子を苦しめました。私がやりました。申しわけございません、本当に。

私たち　お前はなぜそんな悪いことをしたの。

悪霊　面白半分に取りつきました。面白半分に取りつきました……（泣く）。今回も悪いことをしました。サタンの命令で、次から次へと霊を、ものすごくたくさんほうり込みました。私が導きました。

ミカエル　導くというのは、よいことに使うのだよ、バカなことを言うのではない。

私たち　そういうのは、引っ張り込んだと言うんだ。

悪霊　私が引っ張り込みました（と、ずっと泣いて、しばらくはなにを言っているのかわからない)。私も一から神に反省します。

私たち　嘘はないな、嘘を言ったらえらい目にあうぞ。

悪霊　一から反省します。すべてお詫びします。長年の罪をすべてお詫びします。申しわけございません。どうぞ神様、お許しください。

ミカエル　少し光が出ているかな。

私たち　少し出ています。

ミカエル　それでは七福神を呼ぶから、それについて上がりなさい（と言って天上のお経をあげる)。

悪霊　お詫びして上がらせてもらいます。

私たち　ハイわかりました。

悪霊　今日は、今日は、全員、上げていただきたく、みんな引き連れて、家の者、魔界の者、みんな引き連れてまいりました。しっかりしっかり、この子の反省をするのを見て、私たちはこの子の体のなかで、神様にお礼を申しあげて、みんな泣きました。今日はお詫びを申しあげて、朝早くからここにまいりました。家の者、引き連れてまいりました。

私たち　何人おる、今。

悪霊　全員、たくさん、引き連れてまいりました。みんなみんなみんな、家の者みんな、全員、数限りないです。嘘は申しません。もう人数は言えません。あまりにも多くて、このあいだから数が多くて、もうわかりません。億単位です。億単位です。

私たち　よう来たな。

悪霊　全員引き連れて来ました。今日はもうあまりにも、私たちのやっていることが恥ずかしくて、夕《ゆう》べからしっかりお詫びしました。もう詫びて、詫びて、神様ほんとうに申しわけないことを……。今回の襲撃事件はあまりにも悪い、恥ずかしいことをしました。詫びて詫びて、みんなで詫びました。みんなの心は一致しております。誰も逆らう者は、おりません。全員一致しております。どうぞ神様お許しくださいと、今日はここにお詫びに来ました。ここに全員引き連れて、億単位の全員引き連れてお詫びしに来ました。このたびは襲撃して、大変申しわけありませんでした（と、ずっと泣き声で話す）。どうぞ神様、お二人の先生方にも、多大な御迷惑をおかけしました。

ミカエル　それでは今から上げましょう。

私たち　すみやかに上がりなさいよ。

ミカエル　（天上のお経をあげる）

悪霊　ありがとうございます。

私たち　ハイ、どんどん上がっていきなさいよ。もう全員上がったか（悪霊の憑依していた人は我に返る）。

このように、何千何億と人に取りつくことができるほど、霊は小さくもなるのです。

28　鬼の集団

ミカエル　ハイ、岡本さんのなかの者、体を支配してください。
お前も鬼かえ。ではお経をあげるから、その角を取っていこう（お経をあげる）。元に戻った。が、まだ着物がない。あ、今来た、今、白いのが来たね。

悪霊　ハイ、ありがとうございます。

ミカエル　それを着てね、それでもまだ幽界です。まだ地獄。自分の姿が元に戻った。そしてあなたには、自分の心の悪さを反省してもらいたいんです。そしていつまでもその真っ黒な心でいないで、神に詫びて、それから極楽というところに帰る、主のもとへ帰る修行をしてください。

悪霊　これから勉強します。ありがとうございました。さようなら……。

私たち　ハイ、次の者は。

ミカエル　ハイ、次、入って来なさい（お経をあげる）。立派な角だね。お前の角は牛の角みたいだよ。女だね……角は取れました。

悪霊　ありがとうございました。

ミカエル　でも幽界だね。幽界まで上げたんですから、自分自身の心をちゃんときれいにする。掃除をしなさい。そのままでは帰れないからね、清算していきなさい、ここで。

悪霊　よく分かりました。この子が毎日ここに通ってくれたおかげですので、この子にもお礼を申します。通っていただいてありがとうございます。

私たち　まだたくさんおるか。

悪霊　ハイ、もうちょっとすると変わります。すみません、迷惑かけます。

ミカエル　また鬼か。エルカンターラ、アガシャー。ウオーム、光を下してください。哀れなる霊に光をお与えください。そしてこの者たちにサムケルバラーをしてくださいさい。そうしたらお経をあげます。そして幽界まで上げますので、あとは本人たちがちゃんとするように。善霊体はちゃんと教えてください（お経をあげる）。

悪霊　ありがとうございました……一生恩にきます……。申しわけありませんでした。数々の悪業、お詫びいたします。神様、どうぞお許しくださいませ。たくさんの人に取りついて、悪さをしました。大変、大変申しわけありませんでした。

ミカエル　あとは自分自身の力、それを出してください（霊界の共通語で言ってきかす）。私たちの言っている言葉は、あなたたちにはわかるはずだよ。

悪霊　よくわかっております。よくわかりました。

ミカエル　お腹のなかにもまだたくさんいるよ、鬼がネ。ハイ、変わって。次の者、体を支配しなさい。鬼かい（霊界語で言ってきかせる）。エルカンターラ、アガシャー。ウオーム、（霊語）をしてください（お経をあげる）。着物を下《お》ろしてください。サブチャラをしてください。あ、今、来たね。

悪霊　ご迷惑をおかけいたしました。たいへんご迷惑をおかけいたしました。

ミカエル　男だね。

悪霊　そうです。ありがとうございました。変わります。

ミカエル　また鬼かい。あ、これは可愛らしい鬼だ。角もちょっとしか生えていないね。なりかけという感じだなあ。では、法蓮華、三願就、本願就をあげてあげるから。ほら、簡単に角が取れるね（お経をあげる）。

悪霊　ありがとうございました。

ミカエル　自分を省みなさい。角は取れた。あなたは日本の者ではないね。でもお前の着ているものは鬼と書いてある。今、白い着物をあげるからそれに着替えなさい。

悪霊　ありがとうございました。さようなら……。さようなら……。

ミカエル　次、入りました。お前はどうしたいの？
悪霊　お願いいたします。私も上げてください。
ミカエル　ものはついでですね。
悪霊　お願いします。
ミカエル　悪業をさんざんしておいて、お願いしますはないものだよ。
悪霊　申しわけありません。
ミカエル　申しわけ、なさすぎるよ、ね（お経をあげる）。でも、鬼の顔はまだ変わっていませんよ。
悪霊　ありがとうございます。
ミカエル　ちょっと一服しようか、栗山さん。
私たち　ハイ、みんなさがってなさいよ。次入ったらあかんよ。さがってなさい、みなさん。休憩な、はい、さがってなさい。まだおるな、かなわんな……。
ミカエル　（お経をあげる）

悪霊　ありがとうございました。病気まで治していただきました。

ミカエル　男だね。あなたは幽界まで来た。そして角は取れているが、まだまだ自力を出してください。そして自己反省をしてください。ね、自分が生まれてから今現在まで、また死んでから、あの世へ行ってからのすべてを、あなた自身が知っているのだから。誰がどうしろと言って、その命令を聞いただけかもしれないけれど、やったのは自分だよ。そういうことだよ。それをやらないでいたら、神様は光を下してくれたのに。地獄の底で繰り返した悪行も、すべて反省してください。今から神に詫びてね、自分を切り換えていく、そして光を出すのですよ。

悪霊　申しわけございませんでした。ありがとうございます。さようなら……。

私たち　ハイ、次の者と変わってください。

ミカエル　また鬼かえ。しょうがないな。

私たち　鬼ばっかりや（お経をあげる）。

悪霊　助けていただいてありがとうございました。さんざん悪事をいたしまして、一から反省いたします。

ミカエル　自分で自己反省しなさい。さっきから聞いているだろうが、みんなね、この人の体のなかにいる者すべて聞きなさい。みんな、反省をしてもらいたいよ、ね。元の体に戻ったと言っても幽界です。地獄です、まだね。そして今、死んだときの姿に返ったのだったらね、それは主《しゅ》がしてくれたことです。だから主に感謝して、そしてお詫びをしてください。自分のやったことすべてを、反省してください（この間、霊は詫びどおしであった）。

悪霊　さようなら……（と三回言う）。

ミカエル　次、行こう。お前もかい（お経をあげる）。

（テープ終了）

以上のように、過激な悪事をすると、霊体といえども角が生えてきます。この世においても、過激な悪人は同じようになります。殺人者や、人を人とも思わない者、悪事ばかりをして生活していた者たちは、鬼のような姿となります。しかし、一般の人びともカルマを持っており、今回地球に生まれて、自分を修正しない限り、えんえんとカルマを重ねてしまって、空海さんの言われるとおりとなってしまいます。この世の三次元で、せいぜい生きて百才としても、この世の習慣や風習のままに、自分の気ままに生涯を終えてはいけないのです。現世の少しの時間をさいて、永遠の生命であるあの世（実在界）では、成仏して天上界で生きられるようにしてください。成仏すれば、次回からはいっさい人間として転生しないで、永遠に天上界で生活をすることができます。

神が人間を地上に転生させても悪くなるばかりで、大天使の方々がたびたび地上に降りて法を説いても、人類がいっこうに改善しないから、現在はひどいありさまです。心を修正しカルマを取るには、反省以外にありません。自分の生まれてから現在までの心の間違いを、神に詫びることです。詳しくは後に記してあります。

29　己心の魔

己心の魔のある人は、成仏は不可能です。しかし、地球人類のほとんどの人にこの魔が住みついています。住みつくというよりは、呼び込んで飼っているといったほうが正しいかもしれません。

己心の魔の最たる原因は喜怒哀楽です。こう話しただけで、ある人は、それは人間の特権である、と言うかもしれません。これなくして人間に生まれた価値がない、面白くもおかしくもない人生で、それはいやだと思う人がほとんどです。
では、喜怒哀楽とはなんでしょうか。

〔喜び〕

喜びといってもさまざまです。地位、名誉、名声、大金、それらを手に入れたとき、つまり、自分の欲望が達成されたときや、自分の利益になったときに喜びを得ます。たとえばブランド品を手に入れたときや、自分に都合のよいときにも喜びの感情が起こりますが、ブランド品を手に入れたいと思った、その内心はなんでしょうか。

それは虚栄心です。うわべを飾り、人によく見られようとする気持ちです。自分を格好よく見せたいという心もいけませんが、他人にも嫉妬心を湧かせる場合が多く、相手によっては、悪いことを言われてしまうかもしれません。これも罪の一部になります。自分の行為によって、相手に悪い心を起こさせたからです。

ただ、自己保存、利己的な喜びではなく、他人のためや人類的な喜びはたいへんよいことです。しかし自己顕示欲の喜び、これは悪です。

この喜びかたのあやまちは、長い人類の環境と習慣によって、一般的通念となってしまっています。人の心に習慣がつくと、ちょっとやそっとのことでは素直になりません。松の盆栽のやわらかい枝を矯《た》めるときに、針金かけをして形を矯正しますが、それで十年過ごすと、その枝を曲げようとしても頑固になっていてびくともしません。それと同じことです。

そのうえ、知識を多く身につけた人は、より道理を理解しにくくなります。イエス様も、自分はなんでも知っている、自分は偉いんだと思う人は、最低最悪であると述べています。その人は、自分は何者であるかを知らないからです。

自分を知ると、悟りが見えてきます。「悟る」という字は、中国の高僧によるもので、「吾《われ》」の「心」を知れば「悟る」、という意味でできた字です。すなわち、自分が何者であるか知ることが、悟りなのです。

漫談（とりとめのない滑稽な話）などが、テレビやラジオで盛んですが、これも、たまにならば心の転換によい場合もありますが、凝《こ》りすぎると心が堕落してゆきます。今は、そのようなものにふける余裕はありません。地球も宇宙もたいへんなことになっているのですから。

神がみなさんに生を与えたのは、意識を向上させるためです。そのためにこの世に転生させたのです。面白おかしく生涯をすごし、終えるためではありません。先に書いたように、流行を追って自分をよく見せよう、格好よく見せよう、という心境も心の堕落であり、また、他人がどう思うかという、相手に与える影響も、それが悪影響であるなら心の罪となります。たとえば服装なら、派手でもなくみすぼらしくもなく、身綺麗《みぎれい》なもので、なんら他人に影響を与えない服装が一番よいのです。

以上の喜びかたは、大変むつかしいと思われるかもしれませんが、自分の一生の反省をし、正しい法を知ればすべて明確にやさしくおこなうことができます。そうなれば天上界に帰ることが可能です。

〔怒り〕

自分が悪く言われたり、悪者にされたりした場合や、意見の相違があって自分の思うようにならないといった場合に、怒りが湧きます。

自分が悪く言われたときはまず、「人間は、思うこと、話すこと、また善悪の判断を自由にできるよう、神につくられているのだ」ということを思い出す必要があります。あなたは他人を悪く言ったことはありませんか。心当たりがあるはずです。自分も悪口を言っているのに、相手が悪口を言ったと怒るのは、矛盾していませんか。

自分のことを棚にあげ、相手の欠点しか見えていない証拠です。そんなときこそ、自分に振りかえて見ることが必要です。立場を変えて考えてみると、怒りも静まり、かえって自分が見えてきます。感情を高ぶらせると、自分が見えなくなり、怒る心が抑えられないのです。

また、意見の相違による怒りはどうするかというと、やはり、まず感情を高ぶらせないことです。一般によくいわれる、平常心を保つのです。相手が感情的に話してきても、決して平常心を忘れないことが大切です。相手に巻き込まれると、心は地獄に落ちたようになり、己心の魔に心を乗っ取られ、さらには、乗っ取られることが習慣となってどんどんエスカレートしていくので、魔と縁を切るには怒りの感情を自制し、平常心でいることが必要です。

ひとくちに平常心といっても、正しくないものもあります。世間一般にいう平常心は、単に感情を高ぶらせないというだけです。対して、本当に正しい平常心とは不動の心で、なにが起ころうが、なにを見ようが、聞こうが、すべてにおいて心が動かないのです。天使様方は、いつも不動心で正しさを守っています。ミカエル、ラファエル様方は、少しでも心を動かした場合は、すぐ神にお詫びしています。

私が冗談でラファエル様に、「可愛い娘がいるのに人間として生まれたくはないのか」とたずねると、「地球は地獄だ。私の仕事はなく、人間のさまを見てもあきあきだ」とおっしゃいます。みなさんもこのことをよく自覚して、どうせなくなるこの世のことに執着したりせず、永遠の天上界への訓練（修行）をしてください。神もそれを待っておられます。

さて、執着の反対は分散だと思われるでしょうが、本当は執着の反対は法となります。この「法」の字も、中国の高僧によるもので、氵《さんずい》は水で、それが「去る」、「水が去る」とは、ものの循環のことをいっており、たとえば、雨が降って山の木々を養い、動物や草や地上の微生物を生かし、きれいな谷川となって川では魚類や水生動物や昆虫を生かし、海となって魚類や海鳥からクジラまで、すべてが水の循環によって生かされている、そういうことにあらわされています。

もしもこの水が流れず溜まっていると、ボーフラがわき、水も腐ってしまいます。人間も同じく、女、子供、金、名誉などに過ぎた執着心を持っていると、心が腐ってしまうのです。水は氷になろうが水蒸気になろうがH2Oで、本質は変わりません。人間もこれと同じで、この世からあの世に行っても本質は変わらず、今世の心にみあった世界に帰ることになるのです。

また、昨今、自分の子供を折檻《せっかん》する親が増え、子供を死に至らせる事態が起きています。最初は子供に注意をしていただけのものが、次に躾《しつけ》になり、ここで止めておけばよかったのが、躾も厳《きび》しいものとなり、それが過激になってゆき、エスカレートして魔に支配され、自分が自分でなくなり、折檻して、死に至らせる結果となってしまうのです。

これらのことを修正するには、怒りが湧いたら、「ちょっと待て、ちょっと待て」と自分にストップをかけることです。最初は少し苦しいですが、それは自分の心を改善するときの作用ですから、辛抱してください。これは、回《かい》を重ねるごとに楽になり、次第に立腹しなくなります。これで一つ、自分のカルマが取れたことになります。このような体験の実践こそ、天上界成仏への一歩なのです。

〔哀しみ〕

古来より、人類はお涙頂戴《ちょうだい》的な話が大好きで、『忠臣蔵』などは大変人気があります。では『忠臣蔵』の真実はどうかといえば、ただの仇《あだ》討ちに過ぎません。過激な言葉でいえば人殺しで、この繰り返しが仇討ちです。人類は太古からこれを繰り返して、戦争や殺人が今も頻繁に起きています。もちろん、『忠臣蔵』をテレビや芝居で見るのはよいのですが、同じものを見ても、人それぞれ思いかたや感じかたが違ってきます。仇討ちの場面で「昔の武士は殺人の繰り返しを、悪事と知らずにやっていたんだな……」と思う人、このような人は悪を自分で修正していける人です。このように、同じものを見ても人それぞれで、これを「一念三千」と仏教で説いているのです。

映画やテレビ、歌、芝居、これらも悲しいものを好む人が多いのですが、悲しいものを好む心の域が広い人は、死後、三角頭巾をつけた幽霊になります。これは、暗いところでふわふわしている浮遊霊や地獄霊のことです。また、悲しみながら死亡した人は、必ず地獄界の住人となります。

美空ひばりの『悲しい酒』など、歌も悲しいものがたいへん持てはやされています。ですが、人間として、悲しいことはよいことでしょうか。葬儀や通夜で、喪主やその家族に同情して涙を流す人がいますが、誰かのプラスになることがありますか。また、「あの人は親が死んだのに涙一つ流さなかった」といって、涙を流さないことが悪のように非難されたりします。これは現在の間違った社会通念です。

涙を流してよいのは、涙腺から目の表面が乾燥するのを防ぐ役割で出るときと、自分の心と行いの罪を反省（懺悔）するときに、神にお詫びして涙で心を洗い流す場合のみです。罪の多い人は、涙でなく、心より黒い煙のようなものが出ますが、それも涙と同じです。それ以外の涙は、新興宗教の大組織の教祖でも、大衆の面前での講演で自分の哀れみの話におぼれ、涙を流しているのをときどき見ますが、これら教祖はすべて偽者《にせ》です。

本物の天使（教祖）であれば、涙を流して泣いたり、また笑いこけたりはしません。それは感情をいっさい動かさず、不動心であるからです。一般社会通念からいえば非人情なように思われますが、これが正しいのです。葬儀などでは、同情して泣くのではなく、相手に力強い勇気を与えるのが、本来の人間の姿です。

〔楽〕

昔から「楽は苦の種、苦は楽の種」といわれ、また、「若いときの苦労は買ってでもしろ」といいますが、昔の人はよくいったもので、まったくそのとおりです。苦労というのは、いろいろな体験を若いころにしておくのがよいということで、そこでの苦労を苦労と取るのは間違いであって、自分のための、今後の幸せの糧《かて》であるのです。体験なくして幸せはありません。体験しなくては、いっとき幸せであるようでもすぐ崩れ去ってしまいます。「金持ち三代続かず」ということです。

また、私の見るところ、人生の前半がよい人は後半が悪い、前半の悪い人は後半がよいということが多いようです。もちろん例外もありますが、なにごとも体験しないと、物の道理やしくみが正しく理解しがたく、一人よがりに陥ってしまいます。これは、仕事、家庭、宗教など全般に言えることです。そこで参考のために、私事で大変恐縮ですが、私の仕事のことをお話しします。

驚くかもしれませんが、私の仕事は何度も変わっています。簡単にならべると、⑴化粧品店の店員（伯母の店）、⑵うどん屋（姉の店）、⑶土木建築（兄嫁の実家）、⑷メリヤス会社の職人、⑸植木職人全般、土方、⑹住友金属代理店、配達・ポンプ修理・配管の指導など、⑺冷暖房設備全般、⑻電気店、主に冷房、⑼中華料理店経営、⑽大型スーパーの社員、ギフト・テナント（約六十店）の運営などを十年、⑾仲人協会和歌山本部、⑿釣具店経営。

私は釣りも子供のころから好きで、学校をサボッてボラやチヌ釣りによく行き、また若いころは散弾銃を持ってキジや山鳥をよく獲って剥製《はくせい》をつくったりしました。犬も、セッター、ポインター、柴犬などを飼い、釣りも船を持って大きい投網を舟から投げたり、とにかくなにごとにも興味があったのです。

ですが、法を知って三十才ごろから殺生はやめ、今ではゴキブリやクモでも家外に逃がしてやり、野生の生物も保護するようになっています。法を知るまでは自分もあきれるほどの無鉄砲さであったことに気づき、すべて神にお詫び申しあげました。

また、私はスポーツにも大変興味があり、学生のころは体操（器械体操）をやりました。これは、とても体力のつくものです。現在はゴルフで、これは三十五、六年続いており、真っ直ぐ飛ばせるよう指導もできます。左右にぶれている人は、一回の指導で修正できます。盆栽づくりや絵もやります。

仕事では、ほかに金融会社、てっとりばやく言えば高利貸しもやりました。これも、金融の内幕を知るのによい機会でした。現在は生花店をやっていますが、その他、四柱推命鑑定や印鑑販売、塾生の募集事業、カラオケ教室、集金員などなど……。短期の職種は省略しますが、約三十種の職業を体験しています。

ですが、多いばかりが体験としてよいわけではなく、その体験の効果が問題で、なにをしても優れているように努力しなければなりません。単に一つのことができるだけでは、「バカの一つ覚え」になってしまいます。昔の職人さんには変人が多かったようですが、これは、一つのものに集中ばかりしていると外《ほか》が見えないからです。このことは法にも違反しているのです。法とは循環のことでしたね。つまり、なにごとも執着しすぎるといけないということです。

若いころから、自分はなぜこのように仕事が変わるのか疑問に思っていたので、ミカエル様に尋《たず》ねてみると、「あなたは、過去世では坊主ばかりを勤めていたので、今回はさまざまなことを体験してもらいました」とおっしゃったのでした。

ひるがえって現在のお坊さんや教祖といわれる人たちは、お経を覚えたり身体行をしてみたり、教祖といわれる人たちも、大学を出て本を出版したりしていますが、知識や身体行だけでは、決して本物の指導者にはなれないのです。ブッタの言われたとおり、知や意のみで成仏はできません。まやかしや偽者《にせ》です。今信仰を持っている人たちは、よく注意して教祖を確かめてください。本物には天使が降臨され、直接指導してくださいます。

念のため誤解のないようお願いしたいのは、みなさんは私のように職をかえてはいけません。私は使命上、職を転々としたわけで、特殊な例外と思ってください。あくまで参考のために述べたのです。

さて、楽《らく》に戻りましょう。「楽《たの》しい」のほうで、みなさんは楽しい楽しいと心が踊り動揺したことはありませんか。この心の動揺は魔に支配されているか、魔に狙われるかのどちらかです。怒り、悲しみほど悪くはなくても、心を動かす（動揺する）ことは、すべて悪となるのです。そのことは、太古に神より直接下《おろ》された六根清浄やブッタの般若心経に残されています。

喜怒哀楽のまとめとして、現代社会は、芸能界やスポーツ界、またテレビなど娯楽が氾濫《はんらん》し、喜怒哀楽に陥りやすい社会となっているため、克服することは大変むつかしいと思いますが、自己の確立のため極力、努力をしてください。

現在、この喜怒哀楽を完全に超越されている方は、ブッタとエルミタナーぐらいで、菩薩クラスですらまだ二十パーセントぐらいは喜怒哀楽が残っています。人間は神により、最高の生物として創造されていますので、本来はやさしくこなせたはずのものでも、現在までの人類の環境や習慣によって、大変むつかしくなっています。

「ファン」的精神を持ち、ブランド品を追うようでは、とうてい無理なことです。この世のすべてのものは必ずなくなります。あの世へ、その心のまま一人で行くことをよく自覚し、三猿のたとえのとおり、見て見るな、聞いて聞くな、口を閉ざして無駄は語るな、を実践してください。これは、仏教で大変わかりやすく成仏をたとえたものです。せめて霊界や、マザー・テレサのいる神界までは到達されるよう、希望するものです。

30　自分と他人

「人のふり見て我がふり直せ」といわれるとおり、他人というのは、自分を改善する見本です。相手の幸せを見て僻《ひが》んでみたり、不幸を見て悲しんでみたりでは、相手に毒をもらったことになります。このような積み重ねが、人類の過去から現在までに至って、自分のカルマとなり、心が黒く染まってしまうのです。

この黒点を取るように指導をするのが、正しい、本当の人助けとなります。

そこで、あなたはまず、自分が助かることを考えてください。自分が海で溺《おぼ》れていては、溺れている人を助けることはできないでしょう。自分を確立して、泳ぎが達者（熟練）にならないと助けられません。

今の日本の政治・外交も同じことで、国内では失業者が多くなり、なにかといえば税金を取られ、スーパーやコンビニがやたらと多くなって、個人商店や小企業には倒産や閉店店舗が多くなっています。大企業は輸出を世界的に広め、各国に安売り合戦をしかけていますが、これらは必ず閉め出されてしまうでしょう。安売りをすればその国の企業が困るからです。その見返りが必ず来ます。まず国内需要で安定させ、そのうえで不足のものを輸入、過多なものを輸出するのがよく、その決定は国と国とで話し合うのが望ましいのです。

そのように、人も国も、人はまず自分の確立、国なら自分の国を国内需要で安定させ、そのうえで相手を助け、国の場合は困っている国に援助するのが好ましいことです。今は自国を捨ておき、多くの外国を援助していますが、実際にその国を立て直すための援助でなくては、たとえば不足しているというものがあっても、不足する原因を断たなければ、きりがありません。その指導と援助ならよいといえます。

また、昔から、「可愛い子には旅をさせよ」といいますが、これは、旅の道中で多くの人やものに出会い、経験を積み、早く独り立ちできるように、本当の可愛い子どもにするための行いです。ところが現在の親は、我が子、我が子と、欲しがるものを買い与えて甘やかしてしまう。また、地位や名誉を追って、それを子どもにも押しつけて、性格も窮屈なものにしてしまう。結局、親がいないとなにもできない人間になったり、また反対に親に反抗して悪に走ったりと、両極端に陥りやすいのです。これは、現在の少年犯罪や非行の実態を見れば、明らかです。親は、いつまでも我が子の面倒を見ていることはできません。早く独り立ちさせるよう努力するのが親としての責務です。

31　二重人格や多重人格

二重人格の原因と内幕を説明します。

みなさんはなにかにつけ、ものごとにこだわり、それについて考えますが、この考えは、あっさりと切りあげないといけません。考えを掘りさげ、もしくは高めていくと、大変なことになるのです。

心配ごとがあるとすると、それについて、ああでもない、こうでもない、と考えがまとまらない場合も多いと思いますが、これはすなわち人間の迷いで、天使以外はこの迷いがあって当然です。ただ迷いが多いか少ないかによって、その人の人生も変わってきてしまいます。

では、どうすればその迷いがなくせるのかを、たとえでお話ししましょう。自分の子供を有名校に入学させようと思い、その学校に通るか通らないかを、入試の一年ほど前から心配しているとすると、その処理の方法は、まず、(1)力のつく方法で勉強を頑張る。そして、(2)もし滑《すべ》った場合はどうするか、再度挑戦するか、学校を変えるか、変えるとすればどこの学校か、などを決めておく。

それでもまだ心配であれば次の手を考え、あらかじめ決めておくのです。そして、入学のことについてはすべて決めたのだから、あとはあれこれ尾を引くような考えはいっさい持たない、という判断で実践していくことです。そのほかの心配ごとも、同じ方法をもってすれば心に負担なく、平常心でものごとの処理判断ができ、心も軽くなっていきます。

それを逆に、そのものに執着し心に止めておき、それを積み重ねると、ノイローゼや二重人格になってしまいます。現在、変人や精神病患者、犯罪者が多いのは、考えすぎの結果です。一度こうなってしまうと、自分の肉体のなかにはすでに悪霊が数多く侵入している状態だと思っていいでしょう。何万何億と入られる人もあります。

二重人格とは、本人と悪霊とで二つの人格を構成している状態で、悪霊は一体ではない場合も多く、数多く侵入しているなかの親分的な霊が代表して話すので二重人格と見えるだけで、実際は、もっと多くの霊に取りつかれている人が多いのです。多重人格も同じ原理です。親分と、その幹部的悪霊が三人、四人……と、人間の口を使って話すのが多重人格です。

また、同じように多くの悪霊に取りつかれている人でも、口が固い人とそうでない人があります。それは、その人の体質と、カルマ（過去世）と、この世の心の悪い癖によって違います。どちらかというと、悪霊が多く取りついていても、人の口を使って喋るもののほうが少ないのです。ですから、二重人格や多重人格者はそういないはずです。喋れば悪霊とすぐ理解できますが、喋らない人は、悪霊が支配していても自覚できない人が多いのです。

チェック方法としては、自分の心はいつも穏やかで平常心か。心配ごとはないか（あれば先述した方法で解決していく）。なにごと（人や動物や霊）にも恐怖心はないか。この恐怖心があると、悪霊に取りつかれることが多くなります（あるなら、それはなぜかを考え、その原因を取り去ること）。

人間は、最高の霊長者として神に創造されているので、この世にもあの世にも、恐いものがあってはいけません。恐いものがあるという人は、自分の心をそのようにつくり変えてしまったので、それを修正する意味で、そのものがなぜ恐いのか考えて、正さなくてはいけないのです。恐怖心には悪霊が好んで寄り集まってくるからです。恐れている場合は、幽霊系の霊が取りつきます。恐がる人には、恐がる者が集まって来るということです。

32　仏壇について

仏壇は、日本の家庭のほとんどに置かれていますが、世界広しといえども、日本ほど普及している国はほかにはありません。これは昔、高貴な人や権力者が寺を建立し、仏像や天使像に、自分たちの欲望の願いを持ってお参りしたことから始まり、それを自分たちの家にもと、当初は殿様や権力者の所有物であったのが、時代の流れとともに各家庭に普及したものです。その仏像や天使像に代わって、先祖を祀れば幸せになれる、という思いこみが、先祖供養になっていったのです。

神仏や天使は仏壇や墓にはいっさい来ません。来るのは地獄の者たちです。天使は、正しい指導者のところにのみ、天上界より降臨され、指導の手助けなどをしてくださるのです。また、死んで地獄の者となった人を、先祖供養といってさまざまなことをしても助けることはできません。神も、助けることは不可能ではありませんが、助けません。人間は、神に次ぐ霊長者として創造されているからで、助けてしまえば、人間は下等動物となり、人間でなくなってしまうからです。

また、仏壇や神殿にいろいろなお供えものをすると、飢餓界の者や地獄の者たちが集まってきます。正しい先祖供養の由緒を説明しましょう。

ブッタの幹部弟子のコリータ（大目蓮尊者）が心眼を開き、ある日ふと母のことを思い出しました。現在どのような世界にいるだろうと母の顔を思い浮かべ念じると、一人淋しく薄暗いところに立っているのが見えたのです。そして母が水を欲しがるしぐさをするので、水を椀《わん》に入れて差し出したのですが、その水が火になって消えてしまうのです。何度も繰り返したのですが、すべて火に包まれ消えてしまいました。

そこで、ブッタにこのことを話すと、「コリータよ、心眼を開かれ、よく頑張った」といわれました。「あなたの母は、生前バラモン教（権威のある宗教）の出で、多くの信者から布施をいただきながら他人に愛の心もなく、自我や虚栄心が強かったため、今は火炎地獄にある」と言われたのです。

コリータは大変驚き、「ではブッタ、母を救うにはどうしたらよいのですか」と尋ねると、ブッタは「あなたの母はこの世（三次元）にて多くの罪をつくったので、それに応じた世界に行き、罪を償《つぐな》うまでそこにいなくてはなりません。心の曇りが晴れたときに成仏できるのです。母への恩返しは、母がやらなかった人びとへの奉仕を、一年のうち三日、やってあげなさい。そして母には、なぜ地獄に堕ちたのか、その理由をよく教えてあげなさい」と言われたのです。

これが本当の先祖供養です。これがお盆の由来で、ブッタの言う三日というのが、年三回の、彼岸二回とお盆となっているわけです。このように、地獄の住人は、自分の心を自分が浄化しないと成仏できないのです。天使といえども、その人にアドバイスする以外に救う方法はありません。

仏具についても述べましょう。まず鐘は、大小さまざまで、寺院などの鐘から仏壇の鐘までありますが、この鐘を叩いて、徐々に消えゆく余韻の波動に乗って浄土に入るとされたものです。

明かり（ローソク）は、ブッタの時代、昼は気温が高く暑かったので夜の説法集会が多く、そのときにブッタの顔がよく見えるように、そして周囲も見やすくするために松明《たいまつ》（松や竹、アシなど）を焚《た》いたなごりです。また線香は、ブッタの時代に、水は遠くへ汲みに行くしかなく、大変貴重で少ないもので風呂もなく、人びとの体臭がひどかったのと、虫よけの意味で香をくすべていたのです。このことが変じて現在の仏壇に使われています。

33　出張除霊（報災解除）

私たちは、家を除霊してほしいという依頼を受けて、その人の家に行き、悪霊たち（ヘビ、キツネ、人霊、竜）を除霊し、家の浄化をしています。ただ、それには条件があって、その家の人に光が四メートル以上出ないといけません。四メートル以上光ると、神からティアラ（王冠）がいただけます。そういう人たちでなければ、家だけを除霊のため光らせてもだめなのです。悪霊たちは、その家の人を善にさせまいと攻撃してくるからです。サタンやその子分たち悪霊は、人びとを善にさせまいと、いつも隙を狙っています。

出張除霊の方法は、まずミカエル様が、出発前に「オールティアラ」と、天上界の方々に王冠を被るよう言い、先方の氏名を告げて「先に行っていなさい」と指示します。まず多くの善霊を先方に行かせ、悪霊たちが悪さをしないよう抑え、私たちの身の安全を守ってくださるのです。

私たちは先方に着くと、お茶をいただいて少し話してから、報災解除に入ります。テーブルには前もって山の幸や海の幸を置きますが、これは悪霊たちが喜ぶ品を揃えて呼び寄せるためなのです。そして「○○家、先祖代々有縁無縁の報災解除をいたします」と前置きし、相方が般若心経を唱えます。これも悪霊を呼び寄せるためです。悪霊たちはお経が好きで、唱えると集まってくるのです。それが済むと、私は般若心経をやさしく訳したものを読みあげます。次に六根清浄を唱え、私が正しい意味を読みあげ、その他、引導や現在のお経を唱え、それを正しい法に変えて、むつかしいお経の内容をやさしく説明して理解させてゆくのです。

それから最後に、浄霊を唱え反省させます。それが終わると家中の主な家具や絵画等に印《いん》を切って神の光を入れますが、この光は半永久的に保たれ、悪霊たちが寄りつきにくくなるのです。これで終了です。

この報災解除を行うのは、神の光（オーラー）が十メートル以上ある人でなければ、悪霊にたかられ大変なことになります。テレビなどで除霊をしていますが、あれは仲間同士で申しあわせ一時退去させるだけで、悪霊に取りつかれた本人が反省をするか、法を知って浄化しなくては、また次々と取りつかれます。本人の心を変えなくては、何度でも同じことを繰り返すのです。私たちには天使（ミカエル様方）がいつも側におられるので、悪霊を外《はず》すのは簡単にできますが、それをすると、強い霊に取りつかれ大変なことになる場合があるので、あまりしません。基本的に、本人を改善するのが目的です。

最終的に、法要に似たようなことになりますので、家族全員で食事をしながら、疑問、悩みの相談を受け、家族の和を持たせながら相談に答えて、また注意点も指摘し、終了となります。

34　用語解説

〔悪魔、サタン〕

旧約聖書のアダムのこと。魔界を牛耳る大悪人で、冷血非道、凶暴で、神に反抗するもの。

〔阿弥陀如来〕

密教の第一人者で、胎《たい》造界ともいい、地獄の者たちを浄化することのできるただ一人の方。大日如来と同一。本名エルミタナー。地獄救済の仏。

〔阿修羅〕

争いごとを好む。闘争心が強く、そしり、ねたむ者。

〔アラー〕

中東方面で「アッラーの神」と呼ばれ、コーランを啓示された方。年令は六、七才で、頭に真っ白いターバンを巻いていて、ターバンの中央にはルビーがついている。神の子。

〔アモン〕

梵天界の方。天使様方が人類救済のため地上に下りて活動するとき、守護霊や協力霊となり活躍されている。

〔アラハン〕

ブッタの時代に使った、意識の階級を表現したもので、神界のことをいう。アラハンの境地。

〔異言現象〕

古代語を言ったり、わけの分からない言葉をしゃべったり、人をたぶらかす悪霊たちの起こす現象。

〔意識〕

一般には目覚めているときの心の状態をいうが、正しくは、心の全体のことで、智性、本能、感情、理性、意志、想念のこと。

〔イスラム教〕

コーランやハディースを教えるもので、現在は間違った指導内容になり、金曜礼拝やモスクを聖地といっている。しかし、礼拝で人は救われない。その証拠に、国は乱れ、戦争の絶えまがなく、聖戦といって殺人行為を善のごとくに行っている。曲げられた宗教。本来の聖地とは、宗教家が故意に名づけた場所ではなく、神がつくられた地球全体のことをいう。

〔宇宙〕

宇宙には地球のような惑星が何千何万とあり、そこには人類に似た者や、まったく人類と同じ者、またダビデのサタンのような六、七メートルの巨人のいる星もあり、その惑星に適合した、人類に近い者、少し顔や姿が違う者などがいる。地球より進歩した科学を持つ惑星も多くある。

〔えびす大黒天〕

七福神の方々。この方たちも「神」と呼ばれているが、現在、神界におられ、七人がほとんど一緒にやってくる。福の神のようにいわれているが、本来は、悪霊たちが反省の心を持ったときに、その者たちを金色の舟に乗せて、幽界より少し上まで送り届ける役割の天使様方。その場所には教育訓練所があり、ここまで行けば成仏が可能となります。

〔エデンの園〕

アダムたち（サタン）が宇宙船で、エルベーター星からやって来て着陸した場所で、現在エーゲ海に沈没している。

〔オーデラ〕

地獄で通用するお金。天上界では必要ありません。

〔オールファイヤ〕

ミカエル様方がよく使う言葉で、天上界では神の火で焼くことを意味しています。ほかにティアラなどのように英語も、天上より下された言葉も少しあります。

〔お布施〕

神社や仏閣、仏壇、法事などへのお供えやお礼という意味になっていますが、本来は、無一文であったブッタのためにしたように、正しい法（人助け）を伝える方々の活動のために、寄附や援助をすることをいいます。

〔供養〕

死んだ人の冥福を祈ることを意味しますが、結局は、人が祈ろうが祀《まつ》ろうが、どうにもできません。神もなにもしません。本人が意識を向上させるよう促す以外にありません。そのために天使が苦労しているのです。現在は、哀れみの心がよいと思われて行われているにすぎません。

〔知恵〕

知識をなにごとにも応用して変える知恵と、潜在意識から沸き出る知恵があり、後者は過去世で意識の高かった天使やそれに近い者が持っているものです。

〔禅定〕

一般の人は禅定をしないことです。反省をやり切ってアラハンの境地（神界）にならなければ、禅定で心を空にしたとたん、自分の心に応じた者たちに支配されて、とりとめのないことを言ったり、行ったりしてしまうので、大変危険で、精神分裂になるおそれがあります。成仏するためには必要ないことです。

〔六道〕

眼耳鼻舌身意（心）。現在の業《カルマ》のことで、天使様方は六道という言葉をよく使われます。この六つによって、人間の心が黒くなり、業がつくられる。つまり業の原因です。

〔欲〕

人間、欲のない人はいないといいますが、必要と欲には区別があります。人間すべて、立場や環境が違います。たとえば子供が五人の家庭と、子供のいない家庭では、必要経費が違ってきます。このようにその人の必要金額と、少しの余裕（病気になったときなどのため）が必要で、それ以上のことは欲です。欲を持つときりがなく、自分が苦しむ原因ともなります。

〔十字架〕

聖書には、イエスが息絶える前の言葉について、マタイ伝では「わが神よ、なんぞ我を見捨て給《たま》いし」と、ルカ伝では「父よ、わが霊を御手にゆだぬ」とあります。ルカ伝が正しいのですが、これを新興宗教教祖は「神よ、人びとを見捨て給うな、その為すところを知らざればなり」と、もっともらしく書いています。イエスは、神が人びとを見捨てないことなど百も承知で、そのようなことを言うはずもありません。

〔自力と他力〕

現在人類の宗教はすべて他力による信仰となっていますが、これは人間の特性として、楽なほうを求めているのです。ミサや礼拝や読経では、決して救われません。願いごとも叶いません。人間は、自分の力で意識の次元を上げる以外に方法はないということです。すなわち自力成仏です。他力成仏というのはありえないのです。他力のほうが人の心を取り込みやすいので、それが蔓延しているだけです。

〔報恩〕

人は生まれてこのかた、地球の多くの生命体を食して命を保っていますが、そのことを認識しているでしょうか。お金で買っているからいいじゃないか、と思われる人もあるでしょうが、食べたものは、動物、野菜、魚類その他多くの生命が犠牲になっており、その量はたいへんなもので、何トンにもなるのです。それに対しなんらかの形でお返しをしなくてはなりません。人や動物など、生物はなににによらず恩に報いなくてはいけないのです。

〔奇蹟〕

不思議なできごとのことをいいます。私たちにも多くの奇蹟が起きていますす。イエスやブッタ、モーセも奇蹟を起こしていますが、奇蹟が目的ではなく、人びとの心を癒すための証《あかし》として、神が起こしてくれるものです。私たちが願いをしても、同じ病《やまい》でも治る人治らない人があり、これは神の判断によることで、私たちにはどうにもなりません。そのときの場面、状況や、人によって違ってきます。

〔宿命と運命〕

宿命とは、先天的な、現在の自分で決められない肉体や縁、父母兄弟、肉体、血液型などですが、これは過去世で自分が決めたことです。

運命とは、この世のことで、運命は決まっていません。運命には過去世からの循環があり、決まったことのように言う人もありますが、その悪循環を変えるために、命を神よりいただいたのです。極力、よい循環に変えることが必要です。

〔ブッタ〕

古代インド（サンスクリット）語で、過去、現在、未来の三世を見通す能力を持つ天使のことを言います。

たとえば、ある人を思って、今どうしているかと意識を向けると、その人が今どこでなにをしているかを見ることができるのです。

ブッタは中国で「仏陀《ぶっだ》」と語呂を合わせて名前を変えられ、それがそのまま日本で通用していますが、本来は「ブッタ」と呼びます。ブッタは私たちのところに五回見えられ、法の理解がむつかしい人に直接お話ししてくださいます。

先日見えられたときは、「私はお前の師匠である。栗山、今回はよく頑張った」と言っていただきました。イエス様は二回見えられ、「私はイマニエル（インマヌエル）キリストです。目の前に私の母がおります」（私の妻をマリヤ様が守護されているため）と言って、みなさんにお話ししてくださいました。妻は昔、ゼベダイ（セーベダイ）のマリヤで、マリヤ様と姉妹であったそうです。

〔宇宙人の天使〕

ブッタが連れて来てくださった天使は、「私は惑星№五九七（霊界では、人類や知的生命体の住む惑星にNo.をつけている）からブッダと来ました」と自己紹介し、その惑星の概要を話してから、こちらに指導を受けに来ている方にてきぱきとした口調で指導され、ふたたび担当の場所に帰って行かれました。

また、イエス様が連れて来てくださった天使が言うには、サタンとその兄弟など本当に極悪な者は、神により生命を消滅（オールファイヤ）されそうだということです。宇宙には、ブッタやイエス様のような天使が多数おられるとも言っています。

〔バプテスマ（洗霊）〕

これは形式的なもので、なんの効果もありません。たんに間違った考えと時間の無駄になるだけのもので、万一悪霊がついた人がこれをやると、悪霊が相手に入ってしまいます。つまり、魔界の者たちがうまく考え、それを利用できるようにしくんだ方法です。

サタン（アダム、ルシファァ）はもとは天使長のため、人間に及ばない悪知恵と、この世が及ばない霊界の科学力を使って、この世の人々を成仏させまいと必死なのです。最初は、夢や聖霊の予言と偽ってうまく人々をまどわした末、最後に魔界の者たちに総攻撃をさせて命を奪います。聖書に書かれたイエスはその例といえます。現在は、それをうまくつくろってキリスト教となっていますが、私の見るかぎり、聖書は矛盾の羅列と見受けられます。

この本は既存の宗教を誹謗《ひぼう》しているかのように書いていますが、悪を是正するにはその間違いを指摘する以外にありません。その点をよくご理解ください。

35　天のことば　～ミカエル

あなたの名は神の子供なり。
世のすべてのものは神の子なり。
盲《めし》いたる者、心盲いたる者、すべて神の子なり。
あなたの名を知るためには、エルなる者にしたがいなさい。人びとの口より
我は知るなり。あなたの名を尊ぶより、神の子の愛の名において、ミカエル、
ラファエル、サリエル、ガブリエル、アラー、ラフア、スクバ、ミエル、キア

ル、ガブナム、ツエルシェ、ナラ、クリ、ゲチャラ、空海、日蓮、スカマラ、ナリケンダ、エヘベ、スコッチヤ、スアブク、ロソモロ、スクカラ、デセンメ、アヌゥカラ、サンプクル、ナル、エルミタナー、デメェール、ゼウス、ナマン、ブッタカンターレ、ウオーム（神）、この名の者があなたに力を貸す。天の言《こと》の前に知識を捨てよ。ただ我が言の波動によって、揺さぶられる魂の旋律に身と心を任せなさい。その時あなたの魂は、感動という波動のなかに洗霊され、その原点である、天上にあったころの次元にまで高められよう。

純心たれ。純心なる魂は疑いを知らず、闇を知らず、悪を知らず、ただ初めからいます方の愛のみを知って身を任せよう。素直たれ。素直な心は欲得に溺れず、ためにいっさいの善悪を知って悪を退けよ。完全たれ。完全なる魂は世の真理を知り、真理に逆らわず、真理に従い、初めからいます方の心のなかに生きようと努めるだろう。

心の貧しいものは幸いなり。自らの心の貧しさを知るものは、身を慎み、反省と悔い改めを怠らずして真理に入り、天国は彼らのものである。

悲しんでいる人たちは幸いなり。悲しみの涙を知るものは、心を洗い清めて真理に入り、真理は自己を天国に誘い、彼らは慰められるであろう。

柔和な人たちは幸いなり。心穏やかに人と和し、調和の人生を歩むものは天とも和し、天の心の表現である地を受け継ぐであろう。

義に飢え渇《かわ》いている人たちは幸いなり。人の真心こそが義であり、その現れが愛である。世の人誰ぞ拒まんや。愛こそ世の光であり、その輝きは世を照らし、世を直し、彼らは足るようになるであろう。

哀れみ深い人たちは幸いなり。哀れみ深い人は人を許し育もうとする天の心に目覚めしものなり。ゆえに天より祝福され、彼らは哀れみを受けるであろう。

平和をつくり出す人は幸いなり。清い心は清い心に通じ、彼らは神を見るであろう。

平和をつくり出す人たちは幸いなり。与えればこそ与えられ、愛すればこそ愛される。平等、平和を知る人よ、彼らは神の子と呼ばれるであろう。

義のために迫害されてきた人たちは幸いなり。人よ、あなたを迫害せしは世の闇なり。ゆえにあなたの内なる光を人の前に輝かせよ。闇は光に勝つことなく、天国は彼らのものである。

霊界のことを少し話しておこう。人間はよく夢を見る。楽しい夢、悪夢、これらの夢は霊界を見ている。自分がここにいて、外を見ている人間は、外に見えるものに気を取られないようにしなさい。悪い夢を見ようが、楽しい夢を見ようが、外に見える物を気にしないこと（夢はすべて悪霊が見せています。気にしないようにしてください）。

地獄界というところは、大宇宙に無限に広がっている。ティアラをした者はミカエル、ラファエル、サリエル、ガブリエルとともに天上界に帰る者たちである。

私たちは美津子を通じて話をする。栗山さんを通じて法を説くことにする。これすべて天上の言葉であり、神の心である。

今から後、多くの人たちを指導します。そして、反省を早くした者からティアラをしていくことになる。一日も早く反省しなさい。

36　般若心経

内在された深遠なる知慧に到達する心の教えです。心の自由を得歓《えかん》ずることの、自在なる悟りを志《こころざ》す者が、行を深めて、内在された深遠なる知慧に到達したとき、肉体の五官から生ずるさまざまな煩悩は、すべて空しいものと正見して、いっさいの苦厄を取りのぞかれました。

そして、シャリプトラにこのようにおっしゃいました。

「この世の姿形あるすべてのものは、あせ枯れゆき、崩《くず》れ壊れゆき、薄れ消えゆきて、暫《しば》しも同じ姿形をとどめることなく、変化変滅する。それは恰《あたか》も、海原に起《た》つ波頭《なみがしら》のごとく、仮の姿であり本質ではないからである。然《しか》らば、同様のしくみから成り立つ、肉体の五官を通して受ける思いや行い、知ろうとする知恵の働きも、同様に空しいものと知らなければならない。

シャリプトラよ、このように変化変滅し、流転して止まない現象世界の法則のなかにあっても、本質である意識の当体の真実は、生ずることも滅することもなく、また、この世の諸現象に心惑わざれば汚れず、浄《きよ》まり、固有の生命なるがゆえに、増えもせず減りもせず、心の原点である仏の境涯に安住し、変化変滅することのない現象世界の内に秘められた真理の世界に目覚めた者は、心に受け、行い知ろうとして、惑《まど》うことはない。それは肉体の五官を通して受けるものに心を働かさず、世の真実を見きわめて、五官煩悩から遠く離れ、心を安定させた悟りの彼岸、光満ちる永遠の世界であり、その世界に心置くとき、肉体を持つ者の宿命を超え、いっさいの煩悩から解脱できる。

このように悟りを志す者は、知ろう得ようとする心の働きが、深遠なる知慧に依《よ》るがゆえに、心なにものにも執着せず、執着せぬがゆえに恐れ戦《おのの》くことがなく、いっさいの心の妨げから遠く離れているので、世の実相を正見して、真理をきわめ、悟りの彼岸に到達する。

過去現在未来を通観した仏たちは、内在された深遠なる知恵に到達しているので、大宇宙大自然の森羅万象のうちに秘められた真理のすべてを得て、悟りの彼岸に到達したのである。ゆえに知る、自己の内奥《ないおう》に秘めた深遠なる知恵より湧き出づる言《こと》こそ、うちなる神の真言なり。これ光明に満ちた真言なり。これ無上の真言なり。並ぶものなき真言なり。この真理によりていっさいの苦を取りのぞき、その真実を見きわむべし。内在された深遠なる知恵より湧き出づる真言のゆえをもって説かん。その真言をもって即して説かん。行きゆきて、深遠なる知慧にいきつき、その深遠なる知恵の働きこそ悟りそのものである」

37　妙法蓮華経　～方便品第二

　ときにゴーダマシッタルダー、釈迦牟尼仏が、無我無念無想三昧《ざんまい》の境地に到達し、悟り、心に安らぎを得て、シャリプトラに告ぐ。

　諸仏の智慧は甚だ深く汲《く》めど尽きないが、その智慧の門には入り難く、また解し難いものである。独我独進で道を求める者のいっさいの説法を聞いたとしても、何者も真理に到達することは難しい。

　かつて仏に親しみ近づこうとした無数の仏たちや、さまざまな行を積み仏とよばれる人びとですら、汲めど尽きない法の道をひたすら精進し、さまざまな神仏の名を唱え、その教えを聞こうとしたが、彼岸への道は広大なるため、自らの心にあわせて諸説をたてるがゆえに、その意や趣《おもむき》を解することは難しい。

シャリプトラよ、我、悟りの通《みち》に従って以来、さまざまな因と縁のことを、さまざまなたとえによって諭《さと》し、広く法座を開いて数限りない人びとの心にあわせ、方便を用いて法を説き、人びとの心を引導しようとしたが、何者も私の心とは遠く離れている。しかるに実在界（仏の国）の方便、人びとに、人生や運命のなかでさまざまなものを見せ知らしめて、人びとは心に足らざるものを備えるのである。

シャリプトラよ、実在界の見せしめようとする意識は、広大深遠であり、汲めど尽きず、わだかまりなく、恐れるところのない強大なる力を持っている。然《しか》してそのような境地に到達するには、禅定によりて宇宙の大自然の波動と調和し、自らを離れ無我無念無想の境地に入り、真理の世界に限りなくわけ入るとき、真理のすべてを我がものとし、今まで知り得たこともない法の全容を会得するのである。

シャリプトラよ、このように真理そのものを会得した如来の持つ能力は、人びとさまざまな心にあわせて、これらの諸法を巧《たく》みに説き、その言葉は柔らかく、いたわりに満ち、人びとの心を法悦に浸す。シャリプトラよ、然《しか》も言わんとすること、真理の要点をつき、汲めど尽きず限りなき真理を説き、人の悉《ことごと》くを悟りの彼岸に到達せしめよう。

しかしシャリプトラよ、待て。今私が言ったことを再び人に説く必要はない。なにをもってしても、人びとに悟りを得させることは奇跡に近く、それほども、智で法を解することは難しい。ただただ、さまざまな仏たちが究め尽くさんとしたものは、すでに世の実相にあり。いわゆる諸法は、これさまざまな体となり、これさまざまな力となり、これさまざまな作用（行為）となり、これさまざまな因となり、これさまざまな縁となり、これさまざまな結果となり、これさまざまな報《むく》いとなり、大宇宙大自然の諸現象のなかに、すべての真理が内在しているのである。

38　不動心　～ミカエル

反省をし、自分の心の曇りを晴らすと、六道輪廻から外れます。そして自分自身が気づくことになるのです。どのようなことになっても、心ができごとにふりまわされなくなります。G会の教祖が「想念帯」といっているところは、胸の中央にあり、それは心ともいうのです。反省を進めると胸の中央から煙が出る。見える人もあるでしょう。そして、煙が出てきたとき、心が光ってくるのです。そのとき、コトコトと音がする場合がありますが、それは気にしないようにしてください。必ず光ることができます。表面意識とか潜在意識とかいうものは、黒く見える心のことを指しているのです。

人間の生活は、どうしても六道に振り回されながら動いてしまいます。想念帯の黒い部分は、反省で光らせることができ、カルマの修正を自然に行《おこな》っていけます。しかるのちに人びとに働きかけ、人びととの調和と、自然との調和をはかっていくのです。

サタンは、来るとすぐわかります。なぜなら波動が非常に荒く、音波動をもっているので、近づくとすぐにわかるのです。普通の人たちにはサタンの子分しか来ません。それらが来ることが、調和されると、すぐにわかるようになってきます。

悪霊が体に入ると、その人の運命は急速に変わり、普通では考えられないような状態をつくり出してしまいます。殺人、強欲、こわいもの知らず、また精神異常をきたします。愛欲の念が強くなったときも、あの世の者たちが憑依して働きます。威張りたい、知識を鼻にかける、さらに、自閉症的症状や自己嫌悪がおこり、人間嫌いが強くなったりもします。

六道の調和を得るには、反省しかないということです。反省という行為をして、効力を実感するのです。

39　地獄界

阿修羅界　争い、喧嘩、口論、怒りを抑えられぬ人が落ちる。

畜生界　動物殺し、殺人、法に反した残酷な人が落ちる。

飢餓界　欲望の権化《ごんげ》のような（足ることを知らない）人が落ちる。

火焔地獄　哀れみを知らぬ、冷酷非情な人が落ちる。

天狗界　うぬぼれ、独断的、自己を最高の者と思う人が落ちる。

無間地獄　多くの人を殺したり、悩ませたり、人の恨みがいつまでも離れない人が落ちる。

血の池地獄　性に興味を持ちすぎる人が落ちる。

40　空海の悟り

心に観ずるに、明星《みょうじょう》口に入り虚空蔵《こくうぞう》光明し、きたって菩薩の威を顕《あら》わす。密教の本義は「即身成仏」にある。仏教とは仏（ブッタ）になるための教えである。密教も仏教の一つなのだからそれは当然である。

あえてその意味をかみ砕くなら、即身成仏、「この身で速《すみ》やかに仏となる」である。これはいわゆる顕教の、「あらゆる生物は仏となる性質を持っている。しかし生身の人間が仏になるには厳しい修行が必要で、とほうもない時間がかかる」という来世成仏に対する反発でもある。

空海は、顕教にて仏となるには無限の歳月が必要だと断じている。人は死ななければ仏となれない、というそんな来世の極楽往生など、ブッタは少しも説いていないのだ。ブッタは、生身でブッタになれと説いたのである。それなのに、仏教国日本のほとんどが、ブッタの教えを忘れて、念仏や題目の来世成仏に頼るのは、釈迦様もさぞお嘆きだろう。

それではなにによって即身成仏を可能とさせるか。それは反省である。自分自身の反省を一生ぶんやる。それは、胸のチャクラを光らせる方法によって、身口意の三行をおさめ、自分のカルマを断ち切る方法をとる。そのうえで即身成仏をする。それは「三密の法」だと、空海は言う。身口意の三密による「観想」こそ変身の技法だという。

それゆえ、行とは、人間がもともと備えている仏の本質を見つけだす、具体的な実践法なのである。加持というのは、空海によれば、加とは神から力を加えられることであり、持とは行者がその力を受け止めて持ち続けることとされ、如来の大悲と衆生の信心とをあらわす。仏日の影衆生の心に現ずるを加といい、行者心よく仏日を感ずるを、持と名づく。

つまり自らが光り、そのうえで人を助けることができるということである。

41　光明真言

（目をつぶり十回唱える）
おんあぼきやべろしやの　まかぼだら
はんどまじんばら　はらばりたやらん
（目を開けて同じ言葉を十回唱え、太陽に向かって声をあげる）

42　禅の法　～ラファエル

通常、座禅は、半跏座《げざ》、金跏座《げざ》という形式をとるのが正しい。足の組みをし、背筋をしっかり伸ばす。僧がケイサクという棒を持って見まわり、姿勢の悪い者、また居眠りする者をたたいて注意をする。

正法での禅定は、楽な姿勢をとり、壁に背をもたせかけて体の力を抜き、何時間でも座っていられるような座り方をして目をつむる。心を静めるために神仏に願う禅である。陥りやすい放心の魔、またそういうときに外から来る魔は、反省なくして禅をするなというういましめである。心に一点でも曇りがあれば、魔界から襲われ大変な目にあうということだ。

なぜなら、霊性が次第に開発されていくからである。霊的になればなるほど、その心の次元と調和する霊的世界に通じるのだ。人を恨み、憎み、呪う地獄の想念を持てば、即、地獄へ通じる。自我我欲の想念が強く、目的のためには手段を選ばない者は、執念の世界に通じる。自我が強く、人を平伏させたい、威張りたい、人の上に立ちたいと思う者は、天狗界という、増上慢《ぞうじょうまん》の輩《やから》の神様、拝み屋、新興宗教の教祖、自信過剰の行者などがたむろする世界に通じる。人を煙に巻いて利用、応用しようとする者は狐狸《こり》界に通じる。

しかし禅定に入れば、どうしてもそうした世界を通過しなければならないので、その通過中に、同じ想念の世界に引き寄せられてしまう危険性がある。

43　親鸞聖人

浄土真宗の親鸞聖人は、ブッタの説かれるこの世、一切苦の世界を見つめ、無学文盲の人たちを導くには、むつかしい経文では教えられないと考えられ、阿弥陀如来に救っていただくことを説き、また、救っていただける身かどうかを調べる「身調べ」という反省を、人びとに勧めた。人に勧める限りは、自らその身調べを行じ、自分と、自分を取り巻く他のありがたさを知って、心の浄土に入っていかれた。

しかしそのころの他宗教のありようは、形や作法の世界に入り、本質を見失っていた。そのなかで、形や作法ではなく心を大切にせよと強調したために、「門徒もの知らず」といわれるようになった。

44　六根《ろっこん》清浄《しょうじょう》大祓《おおはらい》

天照皇太神宣《のたまわ》く、
人《ひと》は則《すなわち》天下《あめがした》の神物《みたまもの》なり。須《すべからく》掌静謐（しずまることをつかさどる）心《こころ》は
則神明《かみとかみ》との本主《もとのあるじ》たり。
莫令心神（わがたましいをいたましむることなかれ）。是故《このゆえ》に目に諸《もろもろ》の不浄《ふじょう》を見て心《こころ》に諸の不浄を不見《みず》。耳に諸の不浄を聞《きき》て心に諸の不浄を不聞《きかず》。鼻に諸の不浄を嗅《かぎ》て心に諸の不浄を不嗅《かがず》。口に諸の不浄を言《いい》て心に諸の不浄を不言《いわず》。

身に諸の不浄を触《ふれ》て心に諸の不浄を不触《ふれず》、思いて心に諸の不浄を不想《おもわず》。

此時《このとき》に清潔《きよくいさぎ》よき偈《こと》あり。諸の法は影と像《かたち》の如《ごと》し。浄れば仮《かり》にも穢《けがるる》こと無し。説《こと》を取《とら》ば不可得《うべからず》。皆花《みなはな》よりぞ木実《このみ》とは生《な》る。我身《わがみ》は則六根清浄《ろっこんしょうじょう》なり。六根清浄なるがゆえに五臓《ごぞう》の神君安寧《しんくんあんねい》なり。五臓の神君安寧なるが故に天地《てんち》の神と同《どう》根《こん》なり。天地の神と同根なるがゆえに万物の霊と同体《どうたい》なり。万物の霊と同体なるがゆえに為所《なすところ》無願而不成就矣（ねがい、しかしてじょうじゅせずということなし）。無上霊寶道加持《むじょうれいしんどうかじ》。

〔ミカエルによる解釈〕

天照という大神（ウオーム）が言う、人はみな神の子供である。もともとつくったのは神である、心をさわがさずにいなさい。その心は則ち神自身が持たせたものである、だから心を傷つけずにいなさい。目にいろいろなものを見ても、心を傷つけないようにしなさい。耳からいろいろなことを聞いても、心を傷つけてはならない。鼻からいろいろな「におい」をかいでも、心を傷つけてはならない。口《くち》でいろいろなことを言っても、心を傷つけてはならない。体でいろいろないやなことがあっても、心を傷つけてはならない。意《こころ》にいろいろなことがあっても、想いわずらい、傷をつけてはならない。

傷をつけずに清らかな心になったとき、潔《いさぎ》よきことがあります。神の法ということは、影《かげ》と像《かたち》、陰陽《いんよう》、また人の心に陰と陽があるようなものである。その心をけがすことができなくなったとき、六道を離れ、悟ることになる。それで花が咲くように、自分自身の心がわかるようになる。つまり実がなって、心が清くなったことがわかってくる。そして体のなかまで光る。それがゆえに、天にいる神と同根になる。光った万物と同じである。ゆえに、その人は、願ったことはみな、成就しないということはなくなるのである。

45　祈り　~ラファエル

祈りとは自分の心と神仏の心との対話である。
人を信ぜずして人と対話するとき、その心、通ぜざる如く
祈りには真の信心こそ肝要なり。
また人が人を信ずればこそ
その心素直となり、ゆえに内なる真の心開きて
人をよく理解す。

吾《わ》れその信心のゆえに、真の心開きて人をよく
仏を解さん、是《こ》れ信解の理《ことわり》なり。
また仏の心をよく信解せば
その心吾が心にいただき、日々の生活の師とすべし。
是れ帰依の理なり。そのとき人は結果のなかに
更に深く仏を信解し、大いなる輪廻のなかに
仏と一如《いちにょ》なる精進の道を歩まん。
是精進の理なり、心行の真なり。
人祈らざるも日々の思念は祈りに通じ
神仏のみそぎ（罪を洗い流す）を結果に見ん。
もし自我《じが》我欲《がよく》をもってすれば畜生界に通じ
その両方を備え慾望《よくぼう》の限をもって念ずれば
運命のなかに奈落の地獄を味わうべし。
またも人を怨み憎み、怒りの念消えざれば

修羅の炎は吾が身を焼尽すべし。
末世の人、此の思いのゆえに自ら神仏を離れ
為《ため》に不調和なる霊囲気と次元を一にして
思いのままならず。
神仏を物乞いの具に供さんとするは哀れなり。
日々の生活に反省を欠かさず心の精進怠らずして
吾が想いの誤ちなきよう、導き給えと祈るべし。
またいつにても己《おの》れの仏心を見失うことなく
心仏の側に置き、人や万生の平和と幸せを念ずべし。
かくの如き神意に叶う
調和のとれた心で祈るとき、神仏の光は
吾が身心に燦然《さんぜん》と輝き、正しき思念のための
調和と安らぎを与え、また自らの輝きと
調和してすべての祈りを成就せん。

46　引導　～ラファエル

南無帰依仏　南無帰依法　南無帰依僧

一心に神に帰依し、頂礼《ちょうらい》に行じ、解脱三昧に入りて仏の境涯を悟り、神の法を究みて、真の僧心僧情《そうしんそうじょう》を覚してあなたがたを導かん。あなたがたは生前から仏に帰依し、死に際しても仏事に依《よ》りて葬られ、また再度の法事の回向《えこう》を受けるといえども、真の仏の帰依者ならずと知りなさい。

あなたがたは生前、墓や仏壇の前に額《ぬか》づき、唱えきたりし経文のなかに、人が死ねば墓や仏壇に魂を寄せ、子孫の御供養に甘んじ、子孫絶えるときは無縁仏となりて地を迷うべしと、経文の何処《どこ》に教え記されるや。

また経文の内容を理解もせず、心も改めずして、死後、僧のあげる経文の供養を受けて成仏すると、何処に記されるや。

さらにまた、神仏の縁を享《う》けて、唯一人この世に生きたりしあなたがたが、この世の縁をそのまま死後の世界に持ち込み、墓や仏壇に累代にわたりて魂を寄せ、ために嫁と姑小姑の怨憎会苦《おんぞうえく》の因縁、あるいは先妻後妻が一人の夫をはさみ同居して、先妻が後妻の子孫を、後妻が先妻の子孫を恨み憎み色情因縁を募らせ、肉親相食《は》み、永遠の地獄を苦しめと、経文の何処に教え記されるや。

あなたがたは宇宙の大法則たる輪廻転生を知らず、また教えられもせず、知らざるがゆえに為《な》す術《すべ》もなく徒《いたずら》に地を迷い、ために因縁因果を家系に集積《しゅうせき》宿合し、そのいっさいを知らずして、あなたがたを祖先として尊《とうと》び敬《うやま》い仰ぎて、ひたすら回向《えこう》する子々孫々に仇し、悪影響を及ぼすとは、如何《いか》なることとなるや。

そもそも、神仏の縁に結ばれ導かれて、唯一人この世に生まれたあなたがたは、この世で如何《いか》に肉親知己の縁に結ばれるとも、死に際してはそのいっさいの縁を断念し、再び神仏の縁にすがり導かれて、肉親縁者の縁を解き、この世を旅立ち他界に入ることこそ真の道なり。この世の情と縁に溺《おぼ》れず迷わず、いっさいの執着想念を捨て、自らの魂を軽くし、地上の引力の支配を離れ、天に導かれ、来《きた》り来りしところに往生すべし。

目覚めよ、肉もて生きしこの世こそ、夢幻《うたかた》の世界なり。ゆえに過ぎし世は目覚めよ、肉もて生きしこの世こそ、浄瑠璃《じょうるり》の世界なり。ゆえに各々《それぞれ》が心のままに喜怒哀楽《きどあいらく》を写して等しからず。

肉もて生きしこの世こそ、万生《ばんしょう》魂の修業の場なり。ゆえに原因結果の法則まかり通り、この世の諸現象を通して心を浄め高める者は成仏し、恨《うら》み憎む者は身を亡《ほろ》ぼし、怒《いか》る者は自らの心を焼きて天に裁《さば》かれ、想いのままに身と運命のなかに現象化せん。

目覚めよ、誰ぞこの世に生を享け、人として生まれ、自ら好みて憎む者ありや。望みて恨み憎まれる者ありや。これらのすべては、過去世に犯せし、汝の宿業の因縁を相殺せんが為に、次の世の縁生とそれに依《よ》って展開される運命のなかに、逆転し現象化される怨憎会苦《おんぞうえく》の内に秘められし、汝の罪亡ぼしの為の、仏の業なりと反省すべし。かくの如く、この世なる現象世界の真実に目覚めなば、死こそ仏の慈悲に依る魂の休みの時刻《とき》、眠りの季節たるを悟るべし。

さらに諭《さと》さん、生きる目覚めは意識の集中なり。眠る死すは意識の分散なり。然《しか》して意識の分散をなさんには世のいっさいの執着を断念し、眠るが如くに我を無くすことなり。この真実に目覚めなば、死なる大いなる眠りのなかで、この世の悪夢にうなされる自身に気づき目覚め、再び瞑《めい》して、安らかなる深く無なる永遠にして大いなる仏としての眠りに就《つ》かん。

反省すべし。生まれ来たりて、死するまでの一生を深く反省し、犯せし罪劫を神仏に詫び、心をみそぎ浄めるべし。

世のいっさいの執着や思いを断念し、自らの魂のこの世のきずなを断ち、真理に内在する救いの本願と、そのゆえにある他力の一念にひたすら身を委《ゆだ》ね、後生《ごしょう》に入るべし。

47　すべての心に神宿る　～ミカエル

誰の心にも神は宿る。

困ったとき、神様助けてください、という祈りの心は誰にでもありますが、しかし、神はそもそも光そのものである、ということは誰も知りません。

神に通じる光波にならなければ、光が届かないということを知らなければならない。

自分が真っ黒な心でいては光は入らない、ということを知ってほしいのです。

病気やいろいろなお願いごとなども、光っていないと神には助けようがないのです。

神は三次元に必要な物質はすべて与えておられ、人間はそれらを使い生活していけるようになっているからです。

光るには、反省するしかない。反省をし、自らを光らせることがなによりもまず先であろうと思います。

自我というものをみんなが持ち、その思いばかり使っていると、人との摩擦を生じさせることになりますが、反省をやりきったときには、自我は本我に変わるのです。

本我とはなにか。本我とは、神以外信じないという強い心です。これは反省をやりきったときにわかってきます。

相殺とはなにか。

相殺とは、前世で人殺しをすると、殺された者と今世に出会い、今度は殺される運命になるということです。釈尊が説いているように、それでカルマが相殺されるのです。

心を黒くして死んだ場合は地獄で生活をし、結局生きものたちに憑依して悪さをする者も、これではいけないと思い、反省をして上にのぼっていく者もいる。神そのものが救いに来て、上にのぼる者もあります。

地獄のサタンは悪の大王となり、数億万年も存在しているので、自分のしたことを忘れており、反省もできなくなっている、ということを知ってほしい。霊界で魔界をつくり出し、そちらへ引きずり込まれると、サタンと同じように神を憎む心になるということです。

48　神の存在を確認する

神は森羅万象、宇宙。地球も生物も、すべてのものは、神が創造されつくられたのです。たとえば諸動物にしても、本能の動きに驚かされることがあるでしょう。本能も、神につくられたものだからです。魚類、鳥類などの、色あいのバランスや精密さを見ても、自然につくり出せないことが判然とするでしょう。たとえ、万物の霊長である人類であっても、生物類はいっさいつくり出すことができません。イエス様が言われたとおり、人間は髪の毛一本たりとも、芯からその色を変えることができないのです。年配になり白髪となった髪を、黒くなれ黒くなれといくら望んでも、変化しません。ただ変更や加工ができるのみです。神は宇宙のすべてのものを、縁としくみと原因と結果の法によって運行しているのです。

現在人類が地球に生存しているのは、自分の過去の原罪（業《カルマ》、六道）を贖《あがな》うために、神により生を与えられているからです。みなさんは、なんのために生きているか考えたことがありますか。

金儲けをし、面白おかしく生き、喜怒哀楽にふけり、環境破壊をして、不安と心配に明け暮れるためでしょうか。人間はそうして良心に反し続け、地獄の末法人類となってしまったのです。神はなにひとつ悪いものはつくっていません。地獄界というのは人間がつくり出したのです。

神は創造主の慈悲をもって、人間が間違いを起こした場合、神に真心を持ってお詫びすれば、許されるしくみにしてくださったのです。このことをイエス様は懺悔《ざんげ》と、お釈迦様は止観といい、現在の言葉では反省といいます。

キリスト教系では、一部懺悔しているところもありますが、一部だけではだめです。仏教系では読経が主で、反省はほとんどしていません。また、「私は今しなくとも、なんとかなるだろう」といったその場しのぎの考えや、また「死んでから反省しよう」というのは無理なことで、地獄界へ行くと素直に反省ができません。たとえば大変失礼な話ですが、お釈迦様の奥様（ヤショダラ）と子ども（ラフラ）は、いまだに地獄界にいるのです。

これは、天使様方が法を説き、あの手この手とアドバイスをしても、本人がその心にならなければどうにもならないからです。あの世に行くと、反省は現世よりむつかしいのです。

すなわち、現世で成仏しなければなりません。即身成仏ということです。みなさんは死者を見て、「仏になった」と言っていますが、とんでもない話です。反省とは、自分のつくり出した心のあやまち（黒点）を、一つひとつ取り去ることなのです。その黒点がなくなれば、即身成仏、極楽往生となり、極楽に行くことができます。この心境になれば、この世のすべてのものに執着がなくなり、なにが起きようとも自然に不動心でいられるのです。

49　反省のやりかた

反省も、正しくしなければ横道へそれたり、時間の浪費となって、うまく達成できない場合があります。

また、みなさんのなかには、法律上の善悪で判断し、自分は悪いことはしていないと言う人がいます。もちろん法律上の罪も悪ですが、自我、我欲、自己中心的な思いが心の黒点となり、枝葉のように広がった悪になっているのです。それは、反省しなければけっして取れません。そのことを念頭に入れ、あなたが生まれて物心ついた時点から現在まで、ふれあった人たちについて反省をしてください。なぜなら、自分の過去の業《カルマ》が現在までにほとんど出ているので、今反省をすれば、すべての業が落ちることになるからです。

反省の当初は、自分の良心で見て、そのときどきに動かした心は善（良かった）か、悪（悪かった）か判断して、悪心を神に心からお詫びしてください。そのとき、相手の悪も見えた場合は相手を許すのです。相手も自分も六道（眼、鼻、耳、舌、心、意からつくり出した悪）同士で、正しい善も悪もわからないのですから、あなたが許せないと思う相手であっても、自分も今まで間違っていたので、自分と相手は同類なわけです。相手にも間違いがあって当然です。その原理を知り、相手を許すのです。

相手の間違いを見て、相手から受けた自分の心の間違いを神に詫びます。

たとえば、相手に悪口を言われ反発し、立腹した場面があったなら、「悪口を言われたときに、腹を立ててしまって申しわけありません。以後このようなことを二度としないよう、努力いたしますので、どうかお許しください」と、小さい声で言ってもいいし、思ってもよいのです。反発するだけではいけません。その他のことも、相手の悪に乗ってはだめです。相手は六道ですから、それに答えてはいけないので、「聞いて聞くな」で心に入れないことです。これが六道から抜け出せる道となります。正しい反省をすれば、見ても聞いても話しても、すべて正道になってきます。

反省のためには、現在までの心の習慣（業）を変えなくてはならないのです。悪口を言われて第三者に弁解をしたり、立腹したり、敵対心を持ったりしているのは、まだ地獄界にいる証拠です。その結果はあきらかに地獄界直行です。この世で極楽を得られれば、死後も極楽往生となり、天上界の住人となれるのです。

また、良心で反省するといっても、人それぞれで基本がありませんから、善か悪かを見わけるには、自分と相手を当事者と見ず、第三者の（客観的）立場で見ることが必要です。それを繰り返すことで、正しさが養われてきます。とくに、親兄弟、身内に対しての反省のときなどに、片寄りがちになるので注意してください。

50　反省

偽我、自我、我欲、怒り、妬《ねた》み、謗《そし》り、恨《うら》み、僻《ひが》み、傲《おご》り、疑い、愚痴、怠《おこた》り、それらも、自分の業《カルマ》となっています。

反省の第一条件は、正しくものごとを見る（正見）反省でなければならない、ということです。当初は自分の良心、真心で善か悪か判断して、正しいものに近づけてください。この反省により、地獄界より抜け出し、永遠の天上界の住人となるのですから、根性を入れて頑張るのです。誰しも死が訪れます。そのときになって慌てふためいても後の祭りです。

まず反省ノートを一冊準備するといいでしょう。そして現在までふれあい、つきあいの長い人から順を追って反省をします。

次の順位を参考例としてください。

父母→兄弟→姉妹→友達→学校の友達・先生→会社の同僚・上司→その他の人。

(例) 母親は、生まれてから世話になったことも多く、かつその期間も長いので、物心ついてからのことを、今思い出せるかぎり一年ごとにチェックしていくと、抜けがなくうまくできます。また、すぐに思い出せないことでも、反省が進むにつれて思い出してくることがあります。このとき、母や身内といえども心は別々なのですから、すべてを他人と同じ、第三者の立場で見ることです。甘えや気ままを除外することが肝心です。

大部分の人は短気な性格を持っていますが、これは自分の思うようにしたいという支配欲の強さ、エゴなどから発生するものであり、この我欲は、両親、兄弟、近辺の人にたいへんな迷惑をかけています。このような関連をよくわきまえて、反省に取り組んでください。また、自分の悪い癖（業）は子供のころに形成されていることが多いので、これも、よくチェックしてください。

前章の「反省のやりかた」からを、理解できるまでよく読んで、正しい反省を身につけることが大切です。

反省が進むにつれ、自分からオーラー（光）が出てきます。私たちのところにくると、光の糧（オーラーの大きさ）がどのくらいかがわかります。その大きさが四メートル以上になると、神様よりティアラ（あの世の王冠）がいただけます。天使様方はみな被っており、これは、地獄界（地球人類）から天上界に成仏できる確約の印です。また、悪霊にこれを投げると、霊体であっても消滅させることができるのです。

私たちのところに来なくても、正しい反省ができていれば必ず成仏できます。

菩薩界、如来界といえば、特別な人の行くところと思っている人もいますが、反省をすれば誰でも簡単に行けるのです。反省の度合いによって、少し行くところが違うだけのことです。

反省が進み、菩薩界以上になりますと、守護霊が肉体を支配して、自分では無意識のうちに、勝手に手が動いて一定の形を取り、本物である証《あかし》をしてくれます。形は、多少個人差がありますが、ほぼ同じです。みなさんも早く証がいただけるよう、頑張って反省をしてください。

私たちのような存在は今回降ろされたのが最後で、今後、神の使いは誰も来ません。これは、神の心によって決まったことです。現在まで多くの救世主（人類救済者）の大天使様方が来られても、いっこうに地球の地獄界が減少せず、反対に悪霊たちの動きで、悪が蔓延《はびこ》るばかりだったからです。神も地球を抱かれて、善と悪を振り分けられ、その結果、光る者は光り、黒い物は地獄に落ちました。

ですが、私たちは、生ある限り、助かりたい者は助けるようにと、神よりの使命を受けているのです。

この本によって正しい反省ができた人は、大天使（長）ミカエル、ラファエル、サリエル、ガブリエル様方とともに、天上界に帰る人です。一日も早くみなさんが天上界に帰っていけるよう、私たちと天上界の住人一同、心より願っております。

著者略歴
栗山 和視（くりやま かずみ）

1937年、和歌山県に生まれる。数々の職業を経て1969年にはじめて法と出会い、自らへの深い反省を繰り返したのちに正しい悟りを得て、法を世にひろく知らしめるための活動に入る。
神、天使からの助言を受けてかずかずの奇蹟をあらわし、パートナーであるエルディアナとともに、悪霊浄化や出張除霊などを通して人びとに道を説きつづけている。

地獄からの脱出

2005年2月14日　初版第1刷発行

著　　者　栗山 和視
発 行 者　韮澤 潤一郎
発 行 所　株式会社 たま出版
〒160-0004　東京都新宿区四谷4－28－20
☎03-5369-3051（代表）
http://www.tamabook.com
振替　00130-5-94804

印 刷 所　株式会社平河工業社

ISBN4-8127-0111-2 C0011